UNIVERSITÉ DE FRANCE.

ACADÉMIE DE STRASBOURG.

THÈSE
POUR LA LICENCE,

PRÉSENTÉE

A LA FACULTÉ DE DROIT DE STRASBOURG

ET SOUTENUE PUBLIQUEMENT

le Jeudi 14 Août 1851, à quatre heures,

PAR

GABRIEL-VICTOR-JULES DEMONTZEY,

de Saint-Dié (Vosges).

STRASBOURG,

DE L'IMPRIMERIE D'ÉDOUARD HUDER, RUE DES VEAUX, 27.

1851.

A LA MÉMOIRE

DE MA MÈRE.

A MON PÈRE.

J. DEMONTZEY.

A MA TANTE

MADAME MATELET.

J. DEMONTZEY.

FACULTÉ DE DROIT DE STRASBOURG.

MM. Rauter ✳ . . . . . doyen et professeur de procédure civile et de
                                  législation criminelle.
   Hepp ✳ . . . . . . professeur de Droit des gens.
   Heimburger . . . . professeur de Droit romain.
   Thieriet ✳ . . . . . professeur de Droit commercial.
   Aubry ✳ . . . . . . professeur de Droit civil français.
   Schützenberger ✳ . professeur de Droit administratif.
   Rau ✳ . . . . professeur de Droit civil français.
   Eschbach . . . . . professeur de Droit civil français.

Bloechel ✳ . . . . . professeur honoraire.

Destrais . . . . . . professeur suppléant.
Luquiau . . . . . . professeur suppléant.

Wernert . . . . . . secrétaire, agent comptable.

MM. Eschbach, président de la thèse.

Eschbach,
Rauter,
Hepp,
Luquiau,
} examinateurs.

La Faculté n'entend ni approuver ni désapprouver les opinions particulières au candidat.

DROIT CIVIL FRANÇAIS.

DES SERVITUDES ÉTABLIES PAR LA LOI.

(Code civil, liv. II, tit. IV, chap. II, art. 649 — 685.)

NOTIONS PRÉLIMINAIRES.

Une servitude en général est tout démembrement du droit de propriété sur une chose, que ce démembrement soit créé au profit d'une personne ou d'une autre chose.

Il y a donc deux espèces de servitudes, servitudes *personnelles*, servitudes *réelles*.

Est-elle due à une personne déterminée, la servitude se nomme personnelle ou droit de jouissance. Elle peut reposer sur des meubles aussi bien que sur des immeubles, et ne passe pas *ipso jure* aux successeurs de la personne, *personæ inhæret et cum ea corruit*.

Est-elle constituée au profit d'une chose, la servitude est dite réelle ou service foncier, et n'a pour assiette que des immeubles.

D.   1

Nous nous occuperons exclusivement de cette dernière classe des servitudes, et après avoir succinctement défini dans une première partie les caractères généraux des servitudes réelles, nous traiterons spécialement et *in extenso*, dans une deuxième partie, des servitudes légales.

PREMIÈRE PARTIE.

Scrvitudes réelles en général.

CHAPITRE PREMIER.

Origine des servitudes.

Dans toute la rigueur des principes, le droit de propriété est absolu et exclusif. Le maître a bien le droit de retirer de sa chose tous les services qu'il lui plaît; mais lui seul a ce droit, et nul autre ne peut prétendre en jouir concurremment avec lui.

Toutefois, les nécessités incessantes de la pratique ont dû faire fléchir cette règle; la franchise des héritages n'est plus dès lors qu'une simple présomption *juris tantum,* cédant devant la preuve contraire, et les fonds de terre ne sont plus libres que de leur *nature* et non de leur *essence.*

Trois grandes causes ont contribué à l'établissement des servitudes. Chronologiquement parlant, ces causes n'ont pas coexisté tout d'abord; elles ont paru, se sont développées successivement et ont dérivé l'une de l'autre par une conséquence presque forcée.

Disposition des lieux, besoin social, agrément des héritages, telle est la source tripartite des services fonciers.

Inutile de montrer comment l'exemple de la nature qui veut immuablement que les fonds inférieurs reçoivent tout ce qui descend des fonds supérieurs, conduisit bientôt les hommes réunis en société à créer de nouvelles restrictions au droit de propriété dans l'intérêt de la défense commune, puis en faveur de l'agrément et de la commodité de leurs héritages respectifs.

Toujours est-il constant que toutes les législations ont sanctionné les servitudes, pourvu qu'elles ne fussent contraires ni à l'ordre public, ni aux bonnes mœurs.

Les servitudes sont aussi anciennes que le monde : elles ont présidé à l'établissement territorial de tous les peuples nouveaux qui ont surgi sur la surface de la terre; aussi voit-on les servitudes rurales rangées à Rome dans la classe si antique et d'ailleurs si restreinte des *res mancipi*.

Longtemps le mot servitude avait eu un double sens : il servait bien à désigner les restrictions au droit de propriété; mais par là on entendait aussi l'assujettissement de l'homme à l'homme.

Dans le dernier état des choses, l'esclavage affaibli par les progrès de la civilisation s'était résumé dans le droit de *main-morte*. Et si déjà Louis XVI, par son fameux édit de 1779, avait eu l'honneur d'abolir ce droit infâme qui incorporait l'homme à la terre, il était réservé à la révolution de 1789 de compléter l'émancipation et de restituer aux servitudes leur véritable caractère.

«Le territoire français dans toute son étendue est libre comme les «personnes qui l'habitent. Toute propriété territoriale ne peut être su- «jette envers les particuliers qu'aux charges et redevances dont la «convention n'est pas défendue par la loi.» (C. rur. du 28 septembre - 6 octobre 1791, tit. I⁰ʳ, sect. 1ʳᵉ, art. 1ᵉʳ.)

Cette déclaration si énergique et si formelle ne parut pas suffisante aux rédacteurs du Code civil, qui proclamèrent de nouveau que : «La «servitude n'établit aucune prééminence d'un héritage sur l'autre» (art. 638), et plus loin: «Il est permis aux propriétaires d'établir sur «leurs propriétés telles servitudes que bon leur semble, pourvu néan- «moins que les services établis ne soient imposés ni à la personne ni « en faveur de la personne, mais seulement à un fonds et pour un fonds «et pourvu que les services n'aient d'ailleurs rien de contraire à «l'ordre public.» (Art. 686.)

Rien de plus clair et de plus exprès que cet exposé de principes, et cependant, comme s'il avait craint que la lettre l'emportât sur l'esprit du Code, le législateur de 1804 s'est empressé, au mot traditionnel et doctrinal de servitudes, d'accoler l'expression nouvelle de *services fonciers* qui lui sert de correctif et indique sa portée actuelle.

CHAPITRE II.

Caractère et division des servitudes.

Une servitude est une charge imposée sur un héritage pour l'usage et l'utilité d'un héritage appartenant à un autre propriétaire (art. 637).

Cette définition met en relief les caractères essentiels des servitudes, c'est-à-dire, les conditions sans lesquelles il n'y a et il ne peut y avoir de servitudes.

I. *La servitude est une charge.*

Elle est donc une chose incorporelle, une de ces choses qui n'ont pas d'existence propre, qui ne sont par elles-mêmes ni meubles ni immeubles. La servitude n'est qu'un accessoire de l'immeuble au profit duquel elle est constituée (fonds dominant), et une restriction de franchise au détriment de l'immeuble sur lequel elle repose (fonds servant).

Il suit de là que la servitude ne peut être détachée du fonds qui en jouit, qu'elle ne peut être ni vendue, ni louée, ni hypothéquée, en un mot, qu'elle ne peut faire l'objet d'une convention dans laquelle n'entrerait pas l'immeuble auquel elle appartient.

Si la servitude, considérée vis-à-vis le débiteur, est une charge, considérée quant au créancier, elle constitue un droit, qui, toutefois, ne va pas jusqu'à rendre le propriétaire du fonds dominant propriétaire d'une partie quelconque du fonds servant.

La servitude tient donc doublement au droit de propriété qu'elle modifie et atténue dans le fonds assujetti, tandis qu'elle l'améliore dans celui auquel le service est dû (Discours d'Albisson au tribunat, séance du 7 pluviôse an XII).

Les servitudes sont des charges incorporelles qu'il faut se garder de confondre avec: 1° La copropriété résultant de l'indivision des choses que leur nature ou leur destination ne permet pas de partager (par exemple, puits, allée, escalier, etc); 2° la propriété superficiaire ou souterraine. En effet, une cave (propriété souterraine), un égout (propriété superficiaire), sont des choses corporelles, *pars aliqua fundi*, tandis que la servitude est une chose incorporelle, *fundi accidens* (Toullier, t, III n° 469 bis).

II. *Imposée sur un héritage.*

La servitude est un droit réel, *jus in re*. En effet, 1° elle appartient à l'héritage, *prædio inhæret*, abstraction faite du possesseur de cet héritage, et quel qu'il soit ; 2° elle diffère essentiellement des droits personnels ; car l'inexécution d'une charge imposée sur un fonds ne se résout pas nécessairement en dommages-intérêts, et la servitude peut être exigée en nature, *manu militari*, matériellement.

III. *Pour l'utilité et l'usage d'un héritage.*

Si la servitude ne peut être établie au profit d'une personne, il faut d'un autre coté qu'elle produise pour l'héritage dominant une utilité quelconque, un intérêt, fût-il de pur agrément.

Ainsi, j'impose à un héritage situé au milieu de champs qui en forment une dépendance, la servitude *altius non tollendi.* C'est bien là une charge assise sur un immeuble, mais non au profit d'un autre. Par conséquent, si la convention est violée, je ne pourrai même pas demander des dommages-interêts, car *pas d'interêt, pas d'action.*

Toutefois, le propriétaire du fonds servant ne pourrait pas préten-dre qu'une servitude n'est d'aucune utilité pour l'héritage dominant, par cette seule circonstance que les deux immeubles sont séparés par des héritages intermédiaires. Cela ne suffit pas, en effet, si, à Rome la *contiguïté* était une des conditions essentielles des servitudes ; nous croyons, malgré l'autorité de M. Duranton (Droit civil, t. V, § 454) qu'il suffit que les héritages soient assez voisins pour que l'exercice de la servitude soit matériellement possible.

De même encore, il n'y a plus besoin que la servitude ait, comme à Rome, une cause *continue,* il suffit qu'elle soit *perpétuelle,* c'est-à-dire, que l'usage du droit peut être interrompu, sans que la nature du droit en soit altérée.

Enfin, l'utilité résultant de la servitude n'a pas besoin d'être ac-tuelle, elle peut être purement éventuelle.

IV. *Appartenant à un autre propriétaire.*

Ce n'est pas à titre de servitude, mais à titre de propriété que le maître use et jouit de sa chose : *Nemini sua res servit.* D'un autre côté, le bon sens veut que lorsque deux héritages sont réunis dans la même main, l'un ne puisse être considéré comme fonds dominant et l'autre comme fonds servant ; car il est irrationnel qu'un individu soit à la fois créan-cier et débiteur, et puisse s'actionner et se faire condamner lui-même à exécuter la servitude.

V. *La servitude n'établit aucune prééminence d'un héritage sur l'autre.*

La loi française n'admet plus aujourd'hui aucune supériorité territoriale.

A plus forte raison, le Code civil a-t-il repoussé complètement toute espèce de prééminence personnelle du propriétaire du fonds dominant sur celui du fonds servant. Aussi la servitude n'impose aucune obligation personnelle à ce dernier, il n'est tenu qu'en sa seule qualité de détenteur actuel de l'immeuble. Vient-il d'une manière quelconque à en perdre la détention, il est complètement libéré et le propriétaire du fonds servant n'a plus aucune action contre lui.

Toute servitude consiste de la part du débiteur à souffrir ou à ne pas faire, jamais à faire ni à faciliter l'exercice du droit du créancier. Et si, il paraît résulter des textes romains que la servitude *oneris ferendi* formait exception à cette règle générale et fondamentale, aujourd'hui, en présence de l'art. 698 du Code civil, on peut conclure que le principe est absolu.

De même que le propriétaire du fonds servant n'est tenu qu'en sa qualité de détenteur, de même le propriétaire du fonds dominant ne jouit du droit de servitude que comme possesseur de ce fonds. Une fois qu'il n'a plus la possession, son droit s'évanouit, et aucune stipulation ne saurait, après qu'il a aliéné l'immeuble, lui réserver l'exercice de la servitude.

La servitude, du point de vue actif, consiste à faire sur le fonds servant certains actes de propriétaire, ou à empêcher le propriétaire de ce fonds de les faire.

Il résulte de la nature des choses que la servitude ne peut avoir pour assiette que des immeubles, et parmi les immeubles que les immeubles par leur nature, *jure soli* (arg. art. 637, 686).

Quelques auteurs soutiennent que l'indivisibilité est un des caractères essentiels des servitudes. Nous pensons que c'est là une erreur, et que les servitudes sont divisibles ou indivisibles, selon que le fait qui se traduit dans l'exercice du droit est divisible ou non.

D'après leurs caractères accidentels, les servitudes se divisent en : 1° urbaines et rurales (art. 687), selon que les fonds auxquels elles sont dûs sont à la ville ou à la campagne ; 2° continues et discontinues (art. 688), selon qu'elles ont ou non besoin du fait actuel de l'homme pour être exercées ; 3° apparentes ou non apparentes, selon qu'elles s'annoncent ou non par des ouvrages extérieurs.

Le Code civil divise les servitudes, d'après leur origine, en servitudes *naturelles, légales* et *conventionnelles*. En y regardant d'un peu près, on voit *a)* que si l'état des lieux est la cause occasionnelle des servitudes, la loi en est la cause efficace et définitive ; *b)* que le terme de *servitudes conventionnelles* est faux, car les servitudes s'établissent aussi par testament, prescription, etc.

Il est donc plus rationnel de dire que les servitudes ont deux sources : 1° la loi, 2° le fait de l'homme.

On a élevé contre le législateur un reproche très-grave et très-juste. Il est certain, en effet, que les servitudes légales et naturelles ne méritent pas le nom de servitudes.

Ce mot indique généralement une situation exceptionnelle, un état de choses anormal, en dehors des règles communes et ordinaires. Si par servitude on doit entendre une charge quelconque qui pèse sur les fonds, pourquoi ne pas donner cette qualification à la nécessité où se trouve tout propriétaire indivis de souffrir le partage (art. 815) et à tant d'autres restrictions qui pèsent sur la propriété? C'est qu'évidemment les rédacteurs du Code ont regardé ces charges comme formant le droit commun de la propriété foncière, comme rentrant parfaitement dans la définition du domaine, telle que la donne l'art. 544. Une charge ne peut être raisonnablement appelée une servitude qu'autant qu'elle porte une atteinte réelle à la liberté ordinaire des héritages, une dérogation qui profite à un héritage au grand détriment d'un autre héritage, qui assujettit celui-ci au premier. Or, si les

servitudes naturelles et légales pèsent sur tous les fonds indistincte-
ment ou sur ceux qui se trouvent dans telle condition déterminée, il
est évident que, loin d'être dérogatoires au droit commun, elles en forment la base et deviennent le type auquel on peut reconnaître si tel
fonds est plus assujetti ou moins assujetti que tel autre, en un mot,
qu'elles constituent la commune mesure au moyen de laquelle on
pourra apprécier la liberté des héritages relativement les uns aux
autres. Ainsi, à vrai dire, il n'y a que les servitudes qui dérivent du
fait de l'homme qui méritent le nom de servitudes, car elles surchar-
gent une propriété de droits réels que le droit commun n'a pas créés
sur tous les héritages, et qui, par conséquent, diminuent la valeur du
fonds sur lesquels ils sont assis, sans que les autres fonds éprouvent
la même diminution.

Au surplus, l'erreur du législateur l'a malgré lui et forcément conduit à ranger parmi les servitudes naturelles et légales des droits qui,
même dans le sens qu'il attachait à ces expressions, n'y pouvaient
rentrer raisonnablement (p. ex. le bornage, la clôture, la mitoyenneté, etc.). Car ces droits, loin d'être des démembrements de la propriété, n'en sont que la limite légale.

Toutefois on conçoit aisément que les servitudes naturelles et légales, vu leur grande importance, devant attirer l'attention spéciale
de la loi, on ne se soit pas montré très-scrupuleux quant à la qualification exacte qu'il convenait de leur donner. Au surplus, la jurisprudence a réparé autant qu'elle l'a pu l'erreur du Code, en appli-
quant, le cas échéant, les principes de la propriété et non ceux des
servitudes.

D.

DEUXIÈME PARTIE.

Servitudes légales.

La loi n'a eu qu'à sanctionner les servitudes naturelles, c'est-à-dire celles qui découlent de la situation primitive des lieux et qui, par conséquent, existent dans tous les pays et avec les mêmes caractères : quant aux servitudes légales, au contraire, elles émanent de la volonté toute puissante du souverain, elles sont variables suivant les temps et les lieux ; car elles se rattachent à des situations produites par l'industrie humaine, à la configuration civile du pays.

Les servitudes légales sont très-anciennes, témoin la qualification primitive qui leur fut donnée. Les premières servitudes légales s'appelaient : *Leges et conditiones agrorum;* ce qui prouve invinciblement qu'elles remontent jusqu'au partage des terres entre les hommes. Ceux d'entre eux qui étaient enclavés, qui n'avaient pas dans le terrain à eux échu l'eau nécessaire pour l'irrigation, pour l'abreuvage des bestiaux, etc., obligèrent les autres à les laisser passer sur leur fonds, à leur permettre de faire des prises d'eau, etc.

Plus tard la concentration des hommes dans les villes fut une nouvelle source de servitudes légales, et de nos jours le cercle de ces servitudes ne fait que s'étendre en présence des merveilleux progrès de l'industrie.

Comme le disait très-bien M. Berlier au corps législatif (séance du 29 nivôse an XII) : Les servitudes légales ont reçu le nom, non parce qu'il ne peut y être apporté de dérogation ou modification par la volonté des particuliers, mais seulement parce qu'elles agissent en l'absence de toute convention, par la nature des choses et l'autorité de la loi.

Il y a deux espèces de servitudes légales : les unes ne sont en général qu'accidentelles et ne frappent que quelques fonds : elles se rattachent à l'*intérêt public ou communal*. Les autres ont leur source dans l'état habituel des propriétés particulières entre elles : elles ont trait à l'*intérêt privé* (art. 649).

Les servitudes légales feront donc l'objet des deux chapitres suivants.

CHAPITRE PREMIER.

Servitudes légales d'intérêt public ou communal.

Les restrictions imposées à la propriété en faveur de l'utilité générale n'ont des servitudes que le nom. En effet, qu'est-ce qu'une servitude ? c'est l'assujettissement d'un héritage à un héritage. Quel est le caractère de la servitude ? c'est qu'elle consiste à s'abstenir ou à souffrir et jamais à faire. Or, presque toutes les servitudes légales publiques consistent précisément en charges imposées à une propriété, charges dont le bénéfice n'est attaché à aucun autre héritage, et de plus, obligent très-souvent le propriétaire du fonds servant à faire quelque chose.

Quoi qu'il en soit, la loi a cru devoir donner la qualification de servitudes à ces atténuations de propriété, et nous définirons les servitudes légales des charges assises sur la propriété foncière au profit de l'intérêt général (art. 650).

La loi, en s'éloignant elle-même de la définition qu'elle avait donnée des servitudes, a mis la doctrine dans un grand embarras. Comment, en effet, reconnaître si telle ou telle restriction, imposée à la propriété, est ou n'est pas une servitude légale ? Pour résoudre la difficulté, on s'est rattaché généralement à trois principes :

1° Ne pas donner le nom de servitude légale à l'expropriation pour cause d'utilité publique. Car l'expropriation pour cause d'utilité publique, telle qu'elle a été successivement organisée par les lois du 16 septembre 1807, 8 mars 1810, 7 juillet 1833 et 3 mai 1841, est bien une charge assise sur la propriété, mais elle affecte le droit de disposition, tandis que les servitudes ne font que modifier le droit de jouissance et d'exclusion (Toullier, t. III, § 375) ;

2° Ne pas regarder comme servitudes légales les plus ou moins grands dommages causés accidentellement par l'administration ou les entrepreneurs de travaux publics; car ceux-ci donnent toujours lieu à indemnité (loi du 28 pluviôse an VIII), au lieu que la servitude est un droit perpétuel *a priori* qui, dans la plupart des cas, ne donne ouverture à aucune réparation du dommage éprouvé;

3° Enfin, refuser la qualité de servitude légale à ces mille et une charges qui pèsent sur les immeubles en vertu de lois et règlements, et qui ne sont, en général, que des mesures de police, parce que, dans la majorité des cas, elles n'emportent point la prohibition de faire telle ou telle chose dans les fonds, et s'appliquent à la fois aux non-possesseurs comme aux possesseurs d'héritages.

Cela posé, avant de passer à l'énumération des servitudes légales, il convient d'établir quelques principes généraux qui les régissent toutes.

Dès qu'une loi ou un règlement a établi valablement une servitude, tous les fonds qui se trouvent dans le cas prévu par le législateur se trouve grevés *ipso jure*, instantanément et à perpétuité; ce dernier mot entendu en ce sens que tant que la loi n'aura pas été rapportée expressément, l'héritage restera assujetti sans que le propriétaire puisse faire valoir aucun moyen pour se libérer. Ainsi, il ne pourra invoquer la prescription par le non-usage, quelque long que soit d'ailleurs le temps pendant lequel le non-usage s'est prolongé. L'administration n'aurait-elle pas usé du droit qu'elle a de faire des fouilles dans votre champ au bout de 40, de 50, de 60 ans, lorsqu'elle voudra profiter de la faculté qu'elle a, vous ne seriez pas admis à lui opposer l'exception de la prescription.

D'un autre côté, comme c'est le fonds qui est grevé, l'abandon qu'en ferait le propriétaire n'affranchirait nullement l'immeuble.

Les servitudes légales publiques appartiennent presque toutes au droit administratif : elles sont donc de la compétence des tribunaux administratifs, sauf les exceptions contenues dans les lois spéciales.

Comme nous l'avons dit, les servitudes légales publiques, quoiqu'elles portent atteinte à la valeur de la propriété et la diminuent très-notablement, ne donnent pas, en général, ouverture à des dommages-intérêts. Il n'y a lieu à indemnité que lorsque la loi s'explique formellement à ce sujet; et dans les cas où elle est accordée, cette indemnité représente tantôt l'estimation du préjudice souffert (loi du 17 juillet 1819), tantôt la valeur intrinsèque et non vénale de ce qu'on est obligé d'abandonner à l'État (loi du 16 septembre 1807, art. 50).

Le règlement de l'indemnité est abandonné généralement à l'autorité administrative, sauf quelques cas exceptionnels où il est confié aux tribunaux civils (loi du 29 avril 1845, etc.) ou au jury d'expropriation (loi du 3 mai 1841, art. 65-74).

Lorsque, dans les cas où elle en a le droit, l'autorité administrative a statué, sa décision peut être attaquée par recours contentieux.

Les servitudes légales publiques ne prennent fin par aucun des modes ordinaires, sauf par la destruction de l'héritage. Encore renaîtraient-elles *ipso jure*, si cet héritage revenait à son état primitif (art. 703 et 704). Mais elles s'éteignent : 1° Quand la loi qui les a créées est rapportée expressément ; 2° quand l'autorité publique, usant du droit qu'elle a, déclare régulièrement que l'intérêt général qui les avait fait établir a cessé (voy. loi du 15 mars 1791, actes du gouvernement du 23 messidor an IV, 24 prairial an XII, etc.).

Si toute propriété particulière peut être grevée de servitudes dans l'intérêt public, nous croyons que les domaines public, départemental et municipal sont aussi susceptibles de l'être en vue de l'utilité générale. MM. Pardessus (t. Ier, § 35 et suiv.) et Duranton (t. V, § 294 et suiv.) soutiennent l'idée contraire. Mais nous estimons avec MM. Toullier (t. III, § 473) et Proudhon (Domaine public, t. II, § 366-367) que la négative est inadmissible en présence des lois nombreuses qui consacrent des servitudes de ce genre (voy. Ord. de la marine, liv. IV, tit. X, art. 1er; ibid. liv. V, tit. III, art. 4, etc.).

Nous rangerons sous six catégories les servitudes légales publiques, selon l'intérêt spécial auquel elles se rapportent.

SECTION PREMIÈRE.

INTÉRÊT DE LA SÛRETÉ ET DE LA SALUBRITÉ PUBLIQUE.

Quand les États se sont formés, les citoyens, en reconnaissant un chef, lui ont tacitement et virtuellement confié la mission de veiller à leur conservation. Il entre donc dans les attributions du souverain d'arrêter et d'imposer toutes les mesures qu'il juge nécessaires pour la salubrité publique. D'un autre côté, ces mesures sont loin d'être fixes et stables; la science fait tous les jours de nouveaux progrès qui né-cessitent des changements dans les lois; enfin, il est évident que dans un grand pays comme la France, telle prescription salutaire dans les pays du Nord serait très-nuisible dans les climats méridionaux. Il a donc bien fallu que le souverain, tout en conservant le droit de règle-mentation générale qui lui appartient, déléguât une partie de ses droits aux administrations locales, plus à même de bien connaître les besoins de la localité.

Les servitudes qui ont trait à la sûreté et à la salubrité publique sont par conséquent ou *locales* ou *générales*.

I. *Servitudes locales.*

L'autorité municipale est déléguée par la loi pour établir les me-sures qu'elle juge convenables à la sûreté publique (lois des 14-22 décembre 1789, art. 50; 16-24 août 1790, tit. XI, art. 3; 19-22 juillet 1791, tit. I, art. 46; 18 juillet 1837, art. 11 et 12).

Elle a le pouvoir ou de faire de nouveaux règlements, ou de faire réimprimer, afficher et publier les lois anciennes ou récentes, et même les vieux règlements (lois des 19-22 juillet 1791, tit. I, art. 46; 12 vendémiaire an IV, art. 21).

D'ailleurs, la loi du 21 septembre - 13 novembre 1791 maintient formellement les anciens règlements de police relatifs à l'établissement ou l'interdiction dans les villes des usines, ateliers, fabriques, nuisibles à la sûreté ou à la salubrité publique.

Chaque ville a donc ses lois de police particulières. La ville de Paris, par exemple, est régie par une foule d'ordonnances spéciales (ord. du 24 sept. 1819, relatives aux fosses d'aisance; décl. du 10 avril 1783 et lettres patentes du 25 août 1784, hauteur des maisons, etc.).

On peut encore citer le règlement du conseil d'Artois du 17 mars 1780, relatif à la construction des fours et forges.

II. *Servitudes générales.*

Le gouvernement a aussi reçu de la loi du 12 vendémiaire an IV, art. 21, le pouvoir de faire revivre les anciennes lois sur la salubrité publique.

Mais, outre cette délégation spéciale, plusieurs lois règlent la matière.

1º Nul ne peut sans autorisation élever aucune habitation ni creuser aucun puits, à moins de 100 mètres des nouveaux cimetières. Les bâtiments existants ne peuvent non plus être restaurés ni augmentés sans autorisation.

Les puits peuvent, après visite contradictoire d'experts, être comblés, en vertu d'ordonnance du préfet, sur la demande de la police locale (décret du 7 mars 1808).

Nul ne peut se faire enterrer sur sa propriété, à moins qu'elle soit hors des villes et faubourgs, et à la distance de trente-cinq mètres au moins (décret du 23 prairial an XII, art. 14).

2° Le propriétaire ou fermier d'un moulin est forcé de tenir constamment les eaux à une hauteur fixée par le préfet (lois des 28 septembre, 6 octobre 1791, tit. II, art. 16; 12—20 août 1790, chap. VI).

3° Après la visite annuelle des fours et cheminées, les officiers municipaux peuvent ordonner la réparation ou la démolition de ceux qui se trouvent dans un état de délabrement qui pourrait occasionner un incendie ou autres accidents. Toutefois, cette servitude ne s'étend qu'aux habitations situées à moins de cent mètres des autres maisons (loi du 28 sept. et 6 oct. 1791, tit. II, art. 9, 2°).

4° En cas de peste ou de maladie contagieuse, les immeubles compris dans le cordon sanitaire sont soumis à toutes les mesures de précaution que prend l'autorité (loi du 3 mars 1822).

5° Le préfet peut ordonner la suppression des étangs nuisibles sur la demande du conseil municipal et sur l'avis du sous-préfet, sans aucune indemnité (loi du 11 septembre 1792).

6° Quand il y a nécessité, le gouvernement peut, par un décret, afin de prévenir une inondation, contraindre les propriétaires intéressés à la dépense d'un endiguement, en proportion de leur intérêt. Ce règlement se fait par une commission gouvernementale (loi du 16 sept. 1807).

7° Tout propriétaire est tenu de faire écheniller ses arbres, de faire brûler les bourses et toiles qui sont tirées des arbres, haies ou buissons. S'il ne le fait pas, le maire le fait faire à ses frais (loi du 26 ventôse an IV; Code pénal, art. 471, 8°). Toutefois, cela ne s'applique qu'aux arbres épars et non aux bois et forêts des particuliers (lettre du ministre des finances du 12 avril 1821).

8° Les manufactures et ateliers qui répandent une odeur insalubre, dangereuse ou incommode, ne peuvent être formés sans une permission de l'autorité supérieure. La distance qui doit les séparer des autres habitations, est fixée par le gouvernement.

En cas de graves inconvénients pour la salubrité publique, la culture et l'intérêt général, la fabrique peut être supprimée par décret présidentiel (décret du 15 oct. 1810; ord. des 14 janv. 1815, 29 juil. 1818, 25 juin et 29 oct. 1823, 20 août 1824, 9 févr. 1825, 5 nov. 1826, 20 sept. 1828, 30 oct. 1836, 25 mars 1838).

9° Tout ce qui est relatif à la salubrité est réglé par l'autorité publique, et tous les propriétaires qui profitent des mesures ordonnées, sont tenus de contribuer aux frais en proportion de leur intérêt (loi du 16 sept. 1807).

10° Les anciens usages relatifs à l'obligation de creuser un puits dans sa maison, d'y avoir des fosses d'aisances, de laisser placer sur son terrain ou appuyer sur son mur les poteaux ou boîtes de reverbères, etc., existent encore (loi du 22 juillet 1791, art. 29).

11° Les propriétaires d'habitations ou de fonds voisins du lieu où arrive un naufrage, un incendie, une inondation, etc., sont tenus de livrer passage pour y porter secours et d'y laisser déposer les objets sauvés (ordon. de 1681, liv. IV, tit. IX; Lettres patentes du 10 janv. 1770; Code pénal, art. 475, 12°).

12° Le curage des rivières et canaux non navigables et l'entretien des digues qui y correspondent sont à la charge des riverains (loi du 14 floréal an XI).

13° Les municipalités doivent veiller à la démolition ou réparation des bâtiments menaçant ruine, à la sûreté et la commodité du passage sur la voie publique (loi du 16—24 août 1791, tit. XI, art. 3).

14° La distance à observer et les ouvrages requis pour certaines constructions constituent aussi des servitudes légales publiques (C. civ., art. 674).

15° On ne peut faire de chantiers, de dépôts de bois ou de charbons sans une permission spéciale (décret du 15 oct. 1810; ord. des 14 janv. 1815 et 9 févr. 1825).

16° On ne peut établir de boulangerie, d'abattoir, etc., sans l'autorisation du maire (ord. des 31 oct. 1827 et 15 avril 1838).

D.   3

17° On ne peut en temps prohibé chasser sur son propre terrain, s'il n'est pas clos de la manière déterminée par la loi et attenant à une habitation (loi du 3 mai 1844, art. 2).

INTÉRÊT FINANCIER.

L'intérêt financier de la France et la nécessité de réprimer les fraudes aux droits du fisc ont fait établir quelques servitudes, dont voici les principales :

1° Il ne peut être formé dans la ligne des douanes (qui est de deux myriamètres à partir de la frontière), excepté dans les villes, aucune clôture, moulin, usine, papeterie ou autre usine ou manufacture, sans l'autorisation du gouvernement (loi du 22 août 1791, tit. XIII, art. 41 ; décret du 10 brumaire an XIV, art. 1er ; loi du 30 avril 1806, art. 75).

S'il est prouvé que lesdits établissements favorisent la contrebande, spécialement s'il est attesté par un procès-verbal régulier qu'un moulin à eau ou à vent sert à l'exportation frauduleuse des grains et farines, l'autorité administrative en prononce l'interdiction, et en ordonne le déplacement qui doit être effectué dans l'année (loi du 21 ventôse an XI, art. 1er et 2 ; décret du 10 brumaire an XIV, art. 2 et 3 ; loi du 30 avril 1806, art. 76 et 77).

Il est défendu de former sans autorisation, dans les communes du territoire compris entre les deux lignes de douanes, aucun magasin, dépôt ou entrepôt de marchandises manufacturées (loi du 22 août 1791, tit. XIII, art. 37).

Les préposés des douanes sont autorisés à faire des recherches, excepté pendant la nuit, dans les maisons voisines des côtes et frontières, pour y saisir la contrebande qu'ils y ont vu entrer (loi du 22 août 1791, tit. XIII, art. 36).

Les préposés des douanes et officiers municipaux peuvent, dans les villes et endroits de l'intérieur de la France, où il n'y a pas de bureau de douane, se transporter, le jour seulement, dans les maisons qui récèlent des marchandises prohibées (loi du 28 avril 1816, art. 60).

2° La culture du tabac n'est autorisée que dans certains départements. Nul ne peut cultiver plus de 20 pieds de tabac, sans en avoir fait préalablement déclaration, et sans en avoir obtenu la permission d'une commission spéciale (décrets du 16 juin 1808 et 29 déc. 1810; loi du 28 avril 1816, art. 180 et 182).

Les cultivateurs sont tenus d'arracher et de détruire immédiatement après la récolte les tiges et souches de leurs plantations (loi du 28 avril 1816, art. 196).

3° L'ordonnance de 1669, tit. 27, art. 4, créait une servitude qui n'existe plus aujourd'hui. Il fallait que tous les riverains possédant des bois qui joignaient ceux de l'État les séparassent par des fossés, à peine de réunion.

SECTION III.

INTÉRÊT DE LA VOIRIE.

Il est facile de comprendre que les servitudes établies dans l'intérêt de la voirie sont très-importantes et très-nombreuses. Il n'en peut être autrement dans un pays coupé dans toute son étendue par des voies de terre, d'eau ou de fer. Ces servitudes se rapportent à la commodité, à la sûreté et à la beauté des routes. Pour arriver à ce résultat, le gouvernement doit disposer et dispose de moyens énergiques, car il ne faut pas que l'intérêt particulier l'emporte sur l'intérêt général. Parmi ces moyens figurent les servitudes.

I. *Voies de terre.*

1° Lorsqu'il est question de construire une route, le préfet désigne les fonds sur lesquels les agents des ponts-et-chaussées peuvent passer, pour faire les études de terrains et levées de plans (loi du 28 pluviôse an VIII, art. 4, 3°; loi du 16 sept. 1807, art. 55 et 57).

2° Les entrepreneurs ou l'administration peuvent prendre les matériaux nécessaires à l'établissement de la route dans les lieux non clos indiqués par le devis ou les arrêtés du préfet, sauf indemnité pour les particuliers (lois des 28 pluviôse an VIII, art. 4, 4°, 28 juillet 1824, 21 mai 1836, art. 17 et 18).

3° Les terrains voisins d'une route peuvent être désignés par l'administration pour servir de dépôts de matériaux, de chantiers ou d'ateliers, de chemins pour le charroi, ou même de passage pour les voyageurs, quand la route est accidentellement interceptée, sauf indemnité (même loi).

4° D'anciennes ordonnances de 1579, 1583, 26 mai 1705, 3 mai et 17 juin 1721, prescrivaient tantôt et tantôt prohibaient la plantation des routes. Dans l'état actuel de la législation, les riverains peuvent être tenus de faire et d'entretenir des plantations d'arbres sur leurs propriétés, à un mètre au moins du bord extérieur des fossés (décret du 16 décembre 1811). Ils ne peuvent planter dans l'espace de 6 mètres de la route, sans demander l'alignement au préfet (loi du 9 ventôse an XIII). Quoique les arbres leur appartiennent, ils ne peuvent les arracher, élaguer ou couper sans la permission de l'administration (lois des 12 mai 1825 et 9 ventôse an XIII).

Depuis le 1er janvier 1827, le curage et l'entretien des fossés riverains, qui étaient à la charge des particuliers, sont aux frais de l'État (loi du 12 mai 1825).

5° L'interdiction portée par les lois de l'an XIII, de 1811, et de 1825, de couper, élaguer, etc., les arbres des routes, sans autorisation, s'applique aux arbres plantés sur les bords d'un canal (ord. du 28 février 1831).

6° Les bois et forêts des particuliers, traversés par les grandes routes doivent être essartés et coupés dans l'espace de 19 mètres 490 centimètres (ord. de 1669, tit. XXVIII, an 3).

7º Les riverains des grandes routes sont obligés de recevoir les eaux qui en découlent et les terres qui résultent du curage des fossés. Il leur est interdit d'ouvrir des carrières de pierres ou de moellons, de faire des fouilles, ou de pousser des galeries souterraines, à moins de 58 mètres 47 centimètres du bord de la route (arrêté du conseil du 5 avril 1771 ; ord. du 27 octobre 1837).

8º Les riverains de toutes espèces de routes sont obligés de souffrir l'alignement.

C'est là sans contredit une des charges les plus lourdes de la propriété foncière.

Sur les routes nationales, départementales ou de grande communication, ainsi que pour les rues qui, dans les villes, sont la continuation de ces routes, c'est le préfet qui donne l'alignement; partout ailleurs, c'est le maire.

L'alignement ne force pas à démolir, mais il empêche le propriétaire de l'immeuble frappé d'alignement de le reconstruire, de le réparer, de le soutenir par des travaux confortatifs.

Quand le bâtiment tombe en ruine, ou que le propriétaire le démolit volontairement ou par ordre de l'autorité, la construction doit être reculée, et l'Etat ne paye que la valeur réelle du terrain délaissé, sans s'occuper du préjudice souffert.

Il n'y a aucun recours contentieux en fait d'alignement, à moins que le propriétaire qui en est frappé, soutienne qu'il a suivi l'alignement, auquel cas il peut recourir au conseil d'État qui accorde sursis jusqu'à la décision, quoiqu'en général le recours contentieux n'arrête pas l'action de l'administration (arrêtés du conseil des 29 mars 1754, 27 février 1765; lois des 7 et 14 octobre 1790, art. 1er; 19 et 22 juillet 1791, tit. I, art. 29, 2º; 22 décembre 1789, 16 septembre 1807, art. 50 ; 23 mars 1842).

9º Il est interdit d'élever sur la voie publique aucune construction ou saillie ou en pans de bois qui menacerait les passants (déclaration du 16 juin 1693).

10° Quand un bâtiment menace ruine, le préfet peut le faire démolir (déclaration du 7 juillet 1729, 18 août 1730 ; loi du 16 août 1790, tit. XI, an 3).

Plus généralement, chaque préfet peut faire un règlement pour les alignements, autorisations de construire le long des chemins, l'écoulement des eaux, les plantations, etc. (loi du 21 mars 1836, art. 21).

11° L'entretien du numérotage des maisons est à la charge des propriétaires : ils doivent se conformer aux règlements locaux sur la hauteur du chiffre et du placement (décret du 15 pluviôse an XIII ; ord. du 23 avril 1823).

12° Tout voyageur peut déclore un champ, pour se faire passage, si le chemin public est impraticable. Les dommages et frais de clôture sont à la charge de la commune (loi du 28 septembre 1791, tit. I, art. 41).

13° Les talus servant d'accotement aux routes nationales plus élevées que les propriétés riveraines, font partie des routes ; les particuliers qui se prétendraient propriétaires de ces talus, ont droit à une indemnité, mais ne peuvent y élever ni clôtures ni plantations (ord. du 30 juin 1839 ; Dalloz, 1840, 3, 57).

14° Dans les rues et places dont les plans d'alignement ont été arrêtés par décret, et où, sur la demande des conseils municipaux, l'établissement de trottoirs est reconnu d'utilité publique, la dépense est supportée par les communes et les riverains (loi du 7 juin 1845).

15° Est aussi une servitude publique le passage en cas d'enclave (C. civ., 682 et 685).

On comprend facilement que chaque ville et spécialement chaque grand centre de population ait ses règlements particuliers de voirie. Ainsi la voirie est régie à Paris par une foule de dispositions légales et administratives (voyez ord. du bureau des finances du 16 janvier 1789, et 1er avril 1697, enceinte et alignement ; lettres patentes du 22 octobre 1733 et 31 décembre 1781, façades et saillies des maisons ; décret du 28 oct. 1808, ouvertures des portes et croisées, etc.).

On peut encore citer l'arrêté du conseil du 23 juillet 1783, tit. II, art. 15, qui défend de planter, labourer, creuser des puits, etc., dans les 60 mètres des terrains qui touchent les glacis des turcies et levées de la Loire, sans autorisation.

II. *Voies d'eau.*

1° Chemins de halage et marchepieds. — Cette matière a été longuement et savamment réglementée par la fameuse ordonnance de 1669; toutes les lois postérieures n'ont rien eu de mieux à faire que de s'y référer.

Les propriétaires d'héritages aboutissant aux rivières navigables doivent laisser le long de ces rivières 7 mètres 80 centimètres, au moins de place en largeur pour chemin et trait des chevaux, sans qu'ils puissent y planter arbres, ni clôture ni haie, plus près que 9 mètres 75 centimètres du côté que les bateaux se tirent, et 3 mètres 25 centimètres de l'autre bord (ord. de 1669, tit. XXVIII, art. 7).

Le marchepied le long des rivières flottables à bûches perdues ne doit être que de 1 mètre 80 centimètres (ord. d'août 1669, tit. XXVIII, art. 7; arrêté du 2 janvier 1797).

Un moment supprimé par la loi du 28 septembre - 6 octobre 1791, art. 4, le chemin de halage fut bientôt rétabli par l'arrêté du Directoire exécutif du 13 nivôse an V, le décret du 28 vendémiaire an XIV, et étendu à toute la France par le décret du 22 janvier 1808.

Dans l'état actuel de la législation, toutes les rivières navigables sont soumises aux marchepieds et chemins de halage, soit que la navigation y ait été établie en 1669, depuis, aujourd'hui ou à l'avenir. Seulement, si la navigation n'était pas encore établie en 1669, les riverains ont droit à une indemnité qui est réglée par le conseil de préfecture (décret du 22 janvier 1808).

La loi du 29 floréal an X défend aux riverains de rien déposer sur le chemin de halage, quoique ce chemin continue toujours à leur appartenir.

Il importe de remarquer que le chemin de halage n'est dû: 1° qu'à titre de servitude ; 2° que pour le besoin de la navigation (ord. du 26 août 1818) ; par conséquent, la mise en état de ce chemin, son entretien, sont à la charge de l'État.

2° L'ordonnance du 16 décembre 1672 (chap. XVII, art. 13 et 14) et la loi du 28 juillet 1824, spéciales à l'approvisionnement en combustible de Paris, créent une servitude sur les cours d'eau affluant à la Seine. Lorsque les trains de bois sont flottés sur des rivières et ruisseaux flottables, les moulins que ces eaux font marcher sont tenus de chômer. Si le chômage dure 24 heures, l'indemnité est de quatre francs.

De plus, les marchands de bois peuvent se servir des terres proches des rivières navigables et flottables, pour y faire des amas de bois; en payant 10 centimes par corde de bois empilé sur une terre en labour, et 15 centimes par corde de bois empilé sur une terre en nature de pré.

Enfin, au moyen de cette indemnité, les riverains sont obligés de souffrir le passage des ouvriers et des voitures traînées par des chevaux qui amènent ce qui est nécessaire à la construction des radeaux.

3° L'arrêté du parlement de Provence du 30 mai 1778 statuait que quand un particulier voulait construire un canal d'irrigation ou construire un moulin dans un pays qui en était privé, il pouvait contraindre les propriétaires des fonds, sur lesquels le canal devait passer, à le souffrir, sauf indemnité.

Mais la loi du 30 ventôse an XII, art. 7, a implicitement aboli cet usage.

III. *Voies de fer.*

Les chemins de fer sont de date récente en France; aussi n'y a-t-il rien d'étonnant de ne trouver qu'une seule loi qui les réglemente. C'est la loi du 15 juillet 1845. Au surplus, cette loi est si complète qu'il est probable qu'elle sera longtemps encore le seul Code de la matière.

Sont applicables aux chemins de fer les lois et règlements de la grande voirie, qui ont pour objet d'assurer la conservation des fossés, talus et ouvrages d'art, dépendant des routes, et d'interdire sur toute leur étendue les dépôts de terre ou objets quelconques (art. 2).

Sont applicables aux chemins de fer les servitudes imposées par les lois et règlements sur la grande voirie et qui concernent l'alignement, l'écoulement des eaux, l'occupation temporaire des terrains en cas de réparation, les distances à observer pour les plantations et l'élagage des arbres plantés, le mode d'exploitation des mines, minières, tourbières, carrières, sablières, l'extraction des matériaux nécessaires aux travaux publics (art. 3).

Aucune construction autre qu'un mur de clôture ne peut être établie dans une distance de deux mètres du chemin de fer (art 5).

Dans les localités où le chemin de fer se trouve en remblai de plus de trois mètres au-dessus du terrain naturel, il est interdit aux riverains de pratiquer sans autorisation des excavations dans une zone de largeur égale à la hauteur verticale du remblai mesurée à partir du pied du talus (art 6).

Il est défendu d'établir à la distance de moins de vingt mètres d'un chemin de fer desservi par des machines à feu des couvertures en chaume, des meules de paille, de foin, et aucun dépôt de matières inflammables. Cette prohibition ne s'étend pas aux dépôts de récolte faits seulement pour le temps de la moisson (art. 7).

Dans une distance d'au moins cinq mètres d'un chemin de fer, aucun dépôt de pierres ou d'objets non inflammables ne peut être fait sans autorisation du préfet (art. 8).

Si hors des cas d'urgence prévus par la loi du 24 août 1790, la sûreté publique ou la conservation du chemin de fer l'exige, l'administration peut faire supprimer, sans indemnité, les constructions, plantations, excavations, couvertures en chaume, amas de matériaux combustibles ou non, existant lors de l'établissement d'un chemin de fer (art. 10).

D   4

SECTION IV.

INTÉRÊT DES TRAVAUX PUBLICS.

De tout temps, l'intérêt des travaux publics a, et à juste titre, fixé l'attention du législateur. Cependant nous trouvons peu de lois qui aient consacré des servitudes légales dans ce but. La cause en est que presque tous les travaux publics ont les mêmes caractères, et que, par conséquent, il a fallu peu de dispositions règlementaires pour prévoir tous les cas.

1° Les propriétaires sont tenus, sauf indemnité, de souffrir sur leur fonds les études de terrains, levées de plans des agents de l'administration, les fouilles et extractions que le préfet autorise, les occupations temporaires d'immeubles pour dépôt de matériaux ou établissement de chantiers (loi du 28 sept.-6 oct. 1791, titre Ier, section VI, art. 1er; loi du 16 sept. 1807, art. 55 et 57; loi du 28 juillet 1824; Code forestier, art. 145; loi du 21 mai 1836).

2° Dans tous les cas où les travaux d'endiguage et de fascinage sur le bord du Rhin exigent une prompte fourniture de bois ou oseraies, le préfet, en constatant l'urgence, peut en requérir la délivrance d'abord sur les bois de l'État, puis sur ceux des communes et établissements publics, enfin sur ceux des particuliers, le tout à la distance de 5 kilomètres des bords du fleuve.

Tout particulier propriétaire de bois taillis ou autres, dans les îles, sur les rives, à une distance de 5 kilomètres des bords du fleuve, ne peut les exploiter sans en faire, trois mois d'avance, la déclaration à la préfecture. Les ponts-et-chaussées peuvent requérir ces bois dans ce délai (Code forestier, art. 136-143).

3° A défaut par le propriétaire d'extraire les sables, craies, argiles, marnes, pierres à bâtir, marbres, ardoises, pierres à chaux et à plâtre, terres, tourbes vitrioliques, cendres, etc., et dans le cas de nécessité pour les grandes routes ou travaux d'utilité publique, tels que ponts, chaussées, canaux de navigation, monuments publics ou autres établissements et manufactures d'intérêt général, le préfet peut faire exploiter ces substances (loi du 12 juillet 1791, tit. 1er, art. 2).

4° Personne, même en se prétendant propriétaire du terrain, ne peut, sans autorisation, faire d'endiguage sur les bords de la mer (ord. du 16 fév. 1835).

5° Lorsque pour dessécher un marais, ouvrir une nouvelle navigation, faire un pont, etc., il y a lieu de supprimer des moulins et autres usines ou de les déplacer, le propriétaire est obligé de le souffrir, sauf indemnité (loi du 16 sept. 1807, art. 55).

SECTION V.

INTÉRÊT DE LA DÉFENSE NATIONALE.

Si les servitudes militaires ont quelquefois un caractère exorbitant, on ne peut se dissimuler qu'elles sont d'une indispensable nécessité. Il est même positif que ces servitudes ont de beaucoup précédé toutes les autres ; car, dès l'origine, les hommes réunis en société ont senti que le premier besoin pour eux était de se garantir contre les attaques plus ou moins justes d'autres sociétés d'une force supérieure à la leur. Aussi ont-ils sacrifié volontiers à cet intérêt si puissant la liberté de leurs héritages. D'un autre côté, il faut le dire, si le génie militaire est armé de droits très-énergiques, très-violents même, il ne s'en sert jamais qu'à la dernière extrémité.

Parmi les servitudes militaires, les unes ont trait à la défense proprement dite, et les autres sont destinées à satisfaire à l'approvisionnement des arsenaux en munitions de guerre.

I. *Défense des places.*

La majorité des restrictions et entraves que la propriété a à supporter dans l'intérêt de la défense nationale, se trouvent consacrées dans
deux lois des 8 juillet 1791 et 17 juillet 1819, dont l'ordonnance du
1er août 1821 a présenté un résumé complet et exact.

Dans l'étendue de 250 mètres autour des places de guerre de toutes
les classes et des postes militaires, on ne peut bâtir ni reconstruire
aucune maison ni clôture de construction quelconque, excepté des
clôtures en haies sèches ou en planches à claire-voie.

Dans l'étendue de 487 mètres autour des places de première et de
deuxième classe, on ne peut bâtir ni reconstruire aucune maison ni
clôture en maçonnerie; mais au delà de la première zone de 250 mètres,
on peut élever des bâtiments et clôtures en bois et en terre, sans employer de pierres ni de briques, même de chaux et de plâtre, autrement qu'au crépissage, et à charge de démolir et d'enlever les matériaux à première réquisition, dès que la place est déclarée en état de
guerre.

Autour des places de troisième classe et des postes militaires, on
peut élever des bâtiments et clôtures de construction au delà de 250
mètres. En cas de guerre, les démolitions jugées nécessaires à la distance de 487 mètres se font sans indemnité.

Dans l'étendue de 974 mètres autour des places de guerre et de
584 mètres autour des postes militaires, on ne peut faire aucun chemin,
levée ou chaussée, ni creuser aucun fossé, sans un alignement donné
par le génie. Le génie indique aussi le lieu où les décombres doivent
être déposés. On ne peut faire aucun ouvrage de topographie (par
exemple un arpentage) sans autorisation.

Par exception, le ministre de la guerre peut permettre de construire des moulins ou autres semblables usines en bois et même en
maçonnerie, pourvu qu'elles ne soient composées que d'un rez-de-
chaussée et à charge de démolition sans indemnité. Il peut aussi auto-

riser la construction de toute espèce de bâtiments ou clôtures hors des places ou postes, ou sur l'esplanade des citadelles, en prescrivant la nature des matériaux et la dimension des constructions.

Les bâtisses, clôtures ou autres constructions en bois et en terre, quelle que soit leur distance de la fortification autour des places de toutes classes et des postes militaires, peuvent être entretenues dans leur état actuel par des réparations et reconstructions partielles, mais sans changement dans leurs dimensions extérieures et pourvu que 1° les matériaux de réparation et de construction partielle soient de même nature que ceux précédemment mis en œuvre ; 2° que la masse des constructions ne soit pas accrue par des bâtisses faites dans les cours, jardins et autres lieux clos, à ciel ouvert. Cette disposition s'applique aussi aux maisons, clôtures ou autres constructions en maçonnerie, situées au delà de la première zone de deux cent cinquante mètres autour des places de troisième classe et des postes militaires et comprises dans le terrain d'exception déterminé par décret.

Les bâtiments, clôtures et autres constructions en maçonnerie non compris dans le terrain d'exception, ou qui seraient situés soit dans la première zone de deux cent cinquante mètres des places et postes, soit sur l'esplanade déterminée par décret pour les citadelles et châteaux, soit dans la deuxième zone des places de première et de deuxième classe, peuvent être entretenus, mais sans y faire de reprises en sous-œuvre ni travaux confortatifs.

Il en est de même pour les maisons, bâtiments ou clôtures (autres que celles en haie sèche ou en planches à claire-voie) qui, dans l'intérieur des places de toutes classes et des postes militaires, se trouvent entièrement ou partiellement sur le terrain de la rue militaire établie ou à établir pour la libre communication le long des remparts ou du mur de clôture.

Tout propriétaire de bâtiment, maison, clôture ou autre construction, existant dans l'une des zones de servitude ou en deçà de l'alignement de la rue militaire, qui veut y effectuer des réparations, doit en faire la déclaration au chef du génie, et ne peut les commencer qu'avec sa permission.

La loi de 1819 admet trois sortes d'indemnité : *a*) indemnité de dépossession qui a lieu dans les cas ci-dessus prévus ; *b*) indemnité de démolition d'édifice. Elle est accordée quand il est prouvé par titres que la bâtisse existait antérieurement à la fixation du rayon militaire qui a soumis à prohibition l'étendue de la zone, sur laquelle son sol se trouve compris. Les dommages-intérêts se règlent sur la valeur des constructions ; *c*) indemnité de jouissance en cas d'occupation temporaire. Elle est basée sur l'évaluation de la durée de la privation et du préjudice souffert.

La loi des 15 mars — 23 juin — 10 juillet 1851 a apporté quelques modifications dans la matière qui nous occupe ; voici ses principales dispositions : Le classement d'une place de guerre ou d'un poste militaire s'étend à tous les ouvrages extérieurs, situés à moins de deux cent cinquante mètres des chemins couverts. Les ouvrages détachés, c'est-à-dire ceux situés à plus de deux cent cinquante mètres, sont classés séparément (art. 4).

Le classement des places de guerre et postes est fixé par la loi. Toutefois, quand il est possible de réduire l'étendue des zones de servitudes du côté de quelque centre important de population, sans compromettre la défense, ou porter atteinte aux intérêts du Trésor, cette réduction, ainsi que celle de la largeur de la rue militaire, peut être prononcée par un décret du président de la République (art. 6).

Les servitudes défensives résultant du nouveau classement n'ont leur effet que du jour de la promulgation de la présente loi (art. 7).

Un règlement d'administration publique réunira et coordonnera dans leur ensemble toutes les dispositions des lois concernant les servitudes imposées à la propriété autour des fortifications et précisera les mesures d'exécution (art. 8).

2° La loi du 30 mars 1831 réglemente les occupations temporaires en cas d'urgence des propriétés privées, nécessaires aux travaux des fortifications.

L'occupation temporaire ne peut s'appliquer qu'aux propriétés non bâties. Elle se fait identiquement dans les mêmes formes que l'expropriation forcée, et donne lieu au profit du propriétaire : a) à une indemnité pour le dommage qui lui est causé actuellement. Elle est fixée par le tribunal civil et doit être payée avant la dépossession ; b) à une indemnité actuelle représentant la valeur locative de l'immeuble. Elle est fixée par le jury et se paye par moitié chaque semestre ; c) à une indemnité pour la détérioration quand le génie remet le terrain au propriétaire. Elle est fixée par le jury.

Si dans la troisième année de l'occupation temporaire, le fonds ne lui est pas remis, le propriétaire peut forcer l'État à l'exproprier. Alors on lui paye : 1° la valeur du terrain lors de l'occupation ; 2° le préjudice résultant de la dépossession définitive.

3° La loi du 3 mai 1841 (art. 65—74) s'occupe de la prise de possession de terrains en cas d'urgence.

L'urgence est déclarée par décret présidentiel. Le décret est notifié au propriétaire avec assignation à trois jours devant le tribunal civil et énonciation de la somme offerte par le génie.

Au jour fixé, le propriétaire déclare la somme dont il exige la consignation ; le tribunal ordonne une descente sur les lieux et fixe les sommes à consigner.

La consignation comprend : a) le principal ; b) les intérêts de deux ans. Sur le vu du procès-verbal de consignation et sur une nouvelle assignation à deux jours, le président du tribunal ordonne la prise de possession. L'indemnité définitive est fixée par le jury.

4° Les officiers du génie peuvent inonder les parties du territoire français faisant partie des lignes de défense, mais seulement dans les cas et pour le temps où la présence des armées ennemies rend cette mesure nécessaire (loi du 8 juillet 1791, tit. Ier, art. 36 ; décret du 13 fructidor an XIII, art. 3).

5º On ne peut planter d'arbres dans le terrain militaire, émonder, extirper ou faire abattre ceux qui y sont déjà sans une autorisation du ministre (loi du 8 juill. 1791, tit. Iᵉʳ, art. 26).

6º En cas d'insuffisance des casernes et autres bâtiments militaires, et lorsqu'on ne trouve pas de maison convenable, les habitants de toutes les villes de France sont tenus de fournir logement aux troupes, avec ou sans indemnité, selon qu'elles tiennent garnison ou sont en marche (loi du 8 juill. 1791, tit. V, art. 2 et 8; règlement du 23 mars 1792).

II. *Approvisionnement des arsenaux.*

1º Tout propriétaire qui veut démolir doit le déclarer à la mairie, et il ne peut disposer de ses matériaux qu'après dix jours si le salpétrier ne s'est pas présenté. Le salpétrier a le privilége d'enlever les matériaux et de les exploiter. Pour chercher le salpêtre, il a le droit de creuser à 11 centimètres de profondeur contre les seuils, poteaux et autres ouvrages en bois, et à 22 centimètres contre les murs.

Quiconque a une nitrière, peut l'exploiter, à la condition de livrer le salpêtre à l'État contre paiement (lois du 5 fructidor an V et 10 mars 1819).

2º Les propriétaires de bois, autres que ceux clos et attenant à une habitation, sont tenus, dans tous les temps, si les bois sont situés dans l'étendue de 15 myriamètres des fabriques de poudre, de laisser les agents de l'administration rechercher, couper et enlever les bois de bourdaine de l'âge de 3, 4 ou 5 ans de crue (ord. du 4 avril 1686; arrêtés du conseil des 11 janv. 1689, 23 août 1701, 7 mai 1709; arrêté du 25 fructidor an XI; loi du 16 floréal an XIII).

3º Jusqu'au 1ᵉʳ août 1837, la propriété forestale était grevée d'une charge très-lourde. Les agents de la marine pouvaient marteler les bois propres au service de la marine, que les arbres se trouvassent dans les forêts, futaies, avenues, lisières, ou qu'ils fussent mis en réserve ou épars.

Les propriétaires ne pouvaient exploiter sans en passer déclaration à la mairie, et ne pouvaient disposer librement des arbres que si dans les six mois ils n'avaient pas été martelés (Code forest., art. 122—134).

INTÉRÊT DE LA RICHESSE NATIONALE.

Un principe incontestable, c'est que le droit de propriété privée n'est pas tellement absolu qu'il puisse dépendre du caprice ou de la bizarrerie des propriétaires de porter une grave atteinte à la prospérité nationale en refusant d'exploiter les terrains qui renferment des richesses souterraines, ou en s'obstinant à laisser sans culture des espaces plus ou moins étendus, qui, s'ils étaient mis en état, produiraient de grandes ressources pour le pays. Il importe donc que le gouvernement dispose de moyens énergiques, presque attentatoires au droit de propriété, pour vaincre les résistances inintelligentes que lui opposeraient les particuliers. Ces moyens, l'administration les a reçus de la loi, et nous allons les passer en revue.

1° La loi du 20 avril 1810 réglemente tout ce qui a rapport aux mines, minières, usines, carrières et tourbières.

A) *Mines.*

Les mines ne peuvent être exploitées qu'en vertu d'une concession délibérée en conseil d'État (art. 2, 15, 17).

Elles ne peuvent être vendues par lots ni partagées sans l'autorisation du gouvernement.

La recherche des mines peut être faite malgré le propriétaire, moyennant une autorisation du chef de l'État, sauf 1° quand le terrain est déjà concédé; 2° quand il s'agit d'enclos muré, de cour, jardin ou terrain, attenant aux habitations ou clôtures murées dans la

D. 5

distance de 100 mètres desdites clôtures ou habitations (art. 10, 11, 12).

Le propriétaire de la surface doit souffrir tous les travaux d'exploitation, sauf indemnité (art. 43).

Les ingénieurs des mines sont chargés de veiller à la conservation des édifices et à la sûreté du sol (art. 47—51, 93—96).

Si l'exploitation compromet la sûreté des mineurs ou des habitations de la surface, la conservation des puits et la solidité des travaux le préfet peut la faire suspendre (décret du 3 janvier 1813, art. 3, 4, 7, 9 ; ord. du 26 mars 1843).

Lorsqu'il est nécessaire à une exploitation d'ouvrir des travaux de secours dans un canton ou exploitation du voisinage, tels que galerie d'écoulement, chemin, prise d'eau, etc., le préfet les autorise, et les propriétaires de la surface sont tenus de les supporter, moyennant indemnité (loi du 12 juill. 1791, tit. Ier, art. 25; arrêté du Directoire du 3 nivôse an VI).

Lorsque plusieurs mines situées dans des concessions différentes sont atteintes ou menacées d'un inondation commune, de nature à compromettre leur existence, la sûreté publique ou les besoins des consommateurs, le gouvernement peut forcer les concessionnaires à exécuter, ou exécute à leurs frais, les travaux nécessaires pour dessécher les mines inondées ou pour arrêter les progrès de l'inondation (loi du 27 avril 1838, art. 1).

Le retrait de concession peut être prononcé en cas de nécessité (loi du 27 avril 1838, art. 9 et 10).

B) *Minières.*

On ne peut les exploiter sans autorisation du préfet.

Quiconque a sur son fonds du minerai de fer d'alluvion, est tenu d'exploiter en quantité suffisante pour fournir les usines voisines.

Si le propriétaire refuse d'exploiter, ou n'exploite pas en quantité suffisante, ou suspend sans motif l'exploitation pendant plus d'un mois, le préfet autorise les maîtres de forge voisins à exploiter pour lui (loi du 21 avril 1810).

Néanmoins, ces maîtres de forges ne peuvent exploiter que les terres incultes et en jachère, et seulement après la récolte, toutes les autres terres (loi de 1810). Ils ne peuvent exploiter les bois et forêts sans la permission du propriétaire (loi du 12 juillet 1791, tit. II, art. 15).

Les propriétaires d'héritages non ensemencés sont obligés de souffrir le lavage et le transport en toutes saisons, sur leurs fonds, de la mine extraite de terre, sauf indemnité (loi du 12 juillet 1791, tit. II, art. 18).

C) Usines.

Les fourneaux à fondre les minerais de fer et autres substances métalliques, les forges et martinets pour ouvrer le fer et le cuivre, les usines servant de patouillets et bocards, celles pour le traitement des substances salines et pyriteuses dans lesquelles on consomme du combustible, ne peuvent être établies que sur une permission accordée par un règlement d'administration publique (loi de 1810).

D) Carrières.

L'exploitation des carrières par galeries souterraines ne peut avoir lieu sans autorisation (loi de 1810). Elle peut se faire par ordre du préfet, malgré le propriétaire (arrêt du conseil du 7 sept. 1755).

E) Tourbières.

On ne peut les exploiter sans une autorisation du préfet (loi de 1810).

2° Tout propriétaire qui veut se servir, pour l'irrigation de sa propriété, des eaux naturelles et artificielles dont il a le droit de disposer, peut obtenir le passage de ces eaux sur les fonds intermédiaires à la charge d'une juste et préalable indemnité.

Sont exempts de cette servitude, les maisons, cours, jardins, parcs et enclos attenant à des habitations.

Les propriétaires des fonds inférieurs doivent recevoir les eaux qui s'écoulent des terrains ainsi arrosés, sauf indemnité. Sont également exempts de cette servitude, les maisons, cours, jardins, parcs et enclos attenant aux habitations.

La même faculté de passer sur les fonds intermédiaires est accordée au propriétaire d'un terrain submergé en tout ou partie, à l'effet de procurer aux eaux nuisibles leur écoulement (loi du 29 avril 1845) [1].

3° Tout propriétaire qui veut se servir, pour l'irrigation de ses propriétés, des eaux naturelles ou artificielles dont il a le droit de disposer, peut obtenir la faculté d'appuyer sur la propriété du riverain opposé les ouvrages d'art nécessaire à sa prise d'eau, sauf indemnité.

---

1. Il est très-intéressant de rechercher l'origine de la servitude d'aqueduc, qui vient d'être nationalisée en France par la loi de 1845. Elle était parfaitement inconnue à Rome (Dig. *ad legem aquiliam*, L. 19, § 1). On trouve bien un texte (Dig. *de aqua et aqua pluvia arcendæ*, L. 1, § 15) qui parle d'un passage pour l'écoulement des eaux. Mais ce fragment ne s'applique qu'aux eaux pluviales, et permet de faciliter l'écoulement de ces eaux par des ouvrages dans l'intérêt de la culture, *agri colendi causa*. Dans tous les cas, si la servitude d'aqueduc existait à Rome, elle n'était qu'une exception statutaire au droit commun (Cæpolla, *Tractatus de servitutibus*, lib. I, cap. LXIX § 3 ; lib. II, cap. IV, § 69).

Cette servitude est née dans l'Italie supérieure. Elle existait à Milan avant le 12e siècle, et dans tout le duché de Milan au 16e. Le statut de Vérone la consacra en 1455, le Piémont en 1584 ; un décret impérial du 20 avril 1804 l'étendit au nord de l'Italie : la Provence l'admettait en 1547, la Corse en 1571.

De nos jours les Codes sarde (art. 622, 627, 630) et Parmesan (art. 57) appellent cette servitude une servitude légale ; la Lombardie (loi du 20 avril 1804, art. 52) la regarde comme un droit d'expropriation absolue au profit du dérivant. Sous l'empire de la loi de 1845, elle constitue une véritable servitude légale.

Mais il importe de remarquer 1° qu'elle n'est qu'une simple faculté, abandonnée

Sont exempts de cette servitude, les maisons, cours, jardins, parcs et enclos attenant aux habitations (loi du 11 juillet 1847) [1].

Les tribunaux civils sont seuls compétents pour les contestations qui s'élèvent à propos de ces servitudes.

4° Le ministre de l'intérieur peut ordonner la plantation des dunes appartenant aux particuliers et aux communes; si ceux-ci ne peuvent ou ne veulent pas exécuter les travaux convenables, l'administration pourvoit à la plantation à leurs frais. Alors elle conserve la jouissance des dunes et recueille les fruits des coupes qu'elle y fait jusqu'à entier recouvrement des dépenses qu'elle a faites et des intérêts; après quoi elle les rend au propriétaire.

Aucune coupe de plante d'oyat, roseaux de sables, épines maritimes, pins, sapins, mélèzes et autres plantes résineuses conservatrices des dunes, ne peut être faite qu'avec l'autorisation des ponts-et-chaussées (arrêté des consuls du 13 messidor, an IX; décret du 14 décembre 1810).

5° Le gouvernement ordonne les dessèchements de marais qu'il juge utiles ou nécessaires. Le dessèchement se fait directement par l'État ou par concessionnaires. Si c'est l'État qui dessèche, le montant de la plus value qui lui revient doit toujours le rembourser de ses avances. Le propriétaire peut se libérer: 1° en délaissant une partie du fonds, 2° en constituant une rente 4 p. % sans retenue, toujours rachetable au denier 25. Une commission spéciale de dessèchement statue sur toutes les difficultés qui s'élèvent (loi du 16 sept. 1807).

6° Le gouvernement peut faire dessécher les étangs (loi du 6 oct. 1791, tit. II, art. 15; loi du 11 sept. 1792; Code pén., art. 457).

---

au pouvoir discrétionnaire du juge; 2° qu'elle disparaît *a,* si les eaux tarissent, *b,* si le canal est abandonné ou tombé en désuétude. (*Moniteur* de 1845, page 315.)

1. La servitude légale de barrage ou d'appui, consacrée par la loi de 1847, avait complétement été repoussée en principe comme attentatoire au droit de propriété, lors de la discussion de la loi du 29 avril 1845 (M. Esquirou de Parieu, Revue de législation, année 1845, tome III, page 9).

7° Aucune exploitation de mines de sel, de sources ou de puits d'eau salée, ne peut avoir lieu sans une autorisation du gouvernement (loi du 17 juin 1840).

Aucune fabrique de sel ou exploitation de marais salant ne peut être établie sans permission de l'administration des douanes (loi du 24 avril 1806, art. 51 ; avis du conseil d'État du 17 juin 1815).

8° Les administrations sont chargées de veiller à ce que les moulins soient tenus en état de mouture. Elles sont autorisées à y faire les réparations nécessaires, aux frais du meunier (loi du 8 floréal an II).

9° Les propriétaires de biens ruraux sont tenus d'observer tout ce qui concerne les bans de vendange, le grapillage et le ratelage (loi du 6 octobre 1791, tit. I, sect. V, art. 1er et tit. II, art. 21).

10° Les propriétaires de certains édifices, canaux, ponts, chemins, etc., sont obligés d'en souffrir l'usage par quiconque le réclame en payant les droits fixés par le tarif (voyez décret du 16 mars 1810 ; loi du 15 mars 1790, tit. II, art. 15 ; du 25 août 1790, art. 5 et 6 ; loi du 14 floréal an X et 19 floréal an XI, etc.).

11° Les propriétaires de Seine et de Seine-et-Oise, qui possèdent des carrières de pierre à plâtre, des glaissières, sablonnières, marnières, crayères, etc., ne peuvent les exploiter sans autorisation (décret du 22 mars 1813, qui peut être étendu à toute la France par le ministre de l'intérieur).

12° Les propriétaires dont les fonds sont grevés du droit de parcours (C. civ., 647 et 648) peuvent s'en affranchir par le rachat et le cantonnement (loi du 28 sept. — 6 oct. 1791, tit. I, sect. IV, art. 7).

13° Est une servitude légale l'obligation où se trouve le propriétaire d'une source qui alimente une commune, de ne pas en changer le cours (C. civ., 643).

14° Les propriétaires qui découvrent dans leur fonds des sources d'eaux thermales ou minérales, ne peuvent en permettre l'usage au public qu'avec l'autorisation du gouvernement.

Ni eux ni leurs voisins ne peuvent faire aucune fouille, aucun son-
dage, aucun travail souterrain, dans un périmètre de 1000 mètres au
moins de rayon de ces sources, sans autorisation du préfet (arrêté
du conseil du 6 mai 1752, 26 mai 1780, 5 mai 1781; arrêtés du Directoire du 29 floréal an VII, 3 floréal an VIII, 6 nivôse an XI, 10
prairial an XII; ordonnance du 18 juin 1823; décret du gouvernement provisoire du 8 mars 1848).

Un arrêté du 30 prairial an XII, spécial aux eaux de Barèges (Hautes-
Pyrenées), mérite une mention spéciale sur le grand nombre de servitudes locales qu'il crée.

Il est défendu de faire aucune construction nouvelle dans la commune de Barèges, sans l'autorisation du préfet et l'alignement qu'il
donne.

Il est défendu à tout propriétaire ou cultivateur de terres ou prés
situés au-dessus de Barèges et des grands chemins allant à Barèges,
de faire mettre ou de mettre l'eau des torrents dans les prés pour les
arroser, comme aussi de dégrader les arbres et bois qui sont au-dessus
de la muraille qui couvre le village, sans autorisation.

Le préfet des Hautes-Pyrenées prend tout arrêté pour prescrire et
imposer aux communes de la vallée de Barèges et aux particuliers qui
ont défriché les montagnes environnant le ban et le village de Barèges, tous semis, replantations des arbres, prohibitions d'arrosement,
de dépaissance, de nouveaux défrichements, etc.

15° Lorsque le riverain d'un bois de l'État veut user du droit qu'il
a de faire opérer la délimitation, s'il exige qu'elle soit effectuée par
des fossés de clôture, il doit laisser prendre en entier ces fossés sur
son terrain (C. for., art. 14).

16° Tout propriétaire ne peut porter ni allumer de feu dans l'intérieur et à la distance de 200 mètres des bois et forêts (C. for.,
art. 148).

17° Tout propriétaire des bois joignant les forêts de l'Etat ne peut
se prévaloir de l'art. 672 (C. civ.) pour exiger l'élagage des lisières de

ces bois et forêts, si les arbres de lisière ont plus de 30 ans (C. for., art. 150).

18° L'ordonnance de 1669 établissait beaucoup de servitudes forestières. Ainsi, elle exigeait que les bois de l'État fussent séparés de ceux des particuliers par des fossés, défendait d'élever des maisons sur perches dans un rayon de deux lieues des forêts royales, de bâtir aucune maison, ferme ou château dans le rayon d'une demi-lieue desdites forêts, de construire des fours à moins de 100 perches de distance de ces bois, de planter une forêt à moins de la même distance, d'établir dans la distance d'une demi-lieue des ateliers de tourneurs, de sabotiers, etc.

Aujourd'hui le Code forestier consacre encore quelques-unes de ces servitudes.

Ainsi, on ne peut établir de four à chaux, à plâtre, de briqueterie ou de tuilerie, à moins d'un kilomètre des forêts, sans autorisation (art. 151).

On ne peut établir, sans autorisation, aucune maison sur perches, loges, barraques ou hangars, à moins d'un kilomètre des bois (art. 152).

On ne peut construire, sans autorisation, aucune maison ou ferme, à moins de 500 mètres des bois (art. 153).

Nul individu habitant les maisons ou fermes existantes en 1827 dans le rayon de 500 mètres, ou dont la construction y a été autorisée, ne peut pourtant, sans permission, y établir un atelier à façonner le bois, chantier ou magasin (art. 154).

On ne peut, sans autorisation, établir aucune scierie, à moins de 2 kilomètres des bois (art. 155).

19° Les communes et établissements publics ne peuvent défricher leurs bois sans l'autorisation du gouvernement (art. 91).

20° Le défrichement des bois des particuliers a été régi par plusieurs lois spéciales. L'art. 219 du Code forestier enjoignait aux particuliers de ne faire aucun défrichement sans l'avoir déclaré six mois d'avance à la préfecture, et au mépris de la notification d'une opposition en règle des agents forestiers.

Cette servitude ne devait durer que vingt ans; mais la loi du 22 juillet 1847 la prorogea pour trois ans, puis la loi du 22-25 juillet 1850 l'étendit jusqu'au 31 juillet 1851, et enfin la loi du 23 juillet 1851 en a continué l'exécution jusqu'au 31 juillet 1853.

CHAPITRE II.

Servitudes légales d'intérêt privé.

Tout législateur a à remplir une haute mission sociale; sans doute, lorsqu'il a, aussi bien que possible, réglementé les rapports des citoyens avec l'État, quand il a déterminé avec sagesse les sacrifices que les particuliers doivent faire à l'intérêt général, quand, en un mot, il a solidement établi le pouvoir politique, il a déjà satisfait à une grande partie de ses obligations; car l'unité du pays, la marche régulière de l'administration, sont les conditions essentielles de l'existence d'une société.

Mais après s'être élevé dans les sphères supérieures, le souverain ne doit pas oublier non plus qu'il a un autre intérêt, sinon aussi élevé, du moins très-important, à fixer par de bonnes lois. Nous voulons parler de l'intérêt privé, des rapports des citoyens entre eux. Parmi ces raports si fréquents et si nombreux, il en est quelques-uns qui doivent plus spécialement attirer l'attention. Ce sont ceux qui résultent du voisinage, c'est-à-dire ceux qui sont de tous les instants, et que la jalousie et la susceptibilité irritable des propriétaires peut aigrir outre mesure.

La raison d'État exige impérieusement que la bonne harmonie règne entre les voisins. Or, peut-on raisonnablement espérer que l'esprit de conciliation des hommes empêchera entre eux tout froissement et les portera à se faire des concessions réciproques? Non évidemment. Aussi le Code civil proclame-t-il que la loi assujettit les propriétaires à différentes obligations l'un à l'égard de l'autre, indépendamment de toute convention (art. 651).

Il y avait un autre écueil à éviter, c'était de s'en rapporter aux usages locaux. Il est à regretter peut-être que le législateur qui, en général, a poursuivi avec tant de bonheur et de persévérance l'idée fixe de doter la France de lois uniformes, il est à regretter, dis-je, que, dans cette circonstance, le législateur ait craint de heurter de front et de saper dans leur base ces coutumes innombrables qui, dans l'ancien droit, faisaient surgir d'inextricables procès. Quoi qu'il en soit, si tous les usages locaux n'ont pas complétement disparu, au moins la plupart n'existent plus, et c'est là un immense bienfait.

Partie des servitudes légales privées est réglée par les lois sur la police rurale. Les autres sont relatives 1° à la mitoyenneté, 2° aux arbres, 3° à la distance et aux ouvrages requis pour certaines constructions, 4° aux vues sur la propriété du voisin, 5° à l'égout des toits, 6° au droit de passage (art. 652).

Ces six obligations spéciales feront l'objet des six sections suivantes, dans lesquelles se confondront les servitudes rurales, d'ailleurs peu nombreuses et peu importantes.

SECTION PREMIÈRE.

MITOYENNETÉ.

La mitoyenneté a lieu quand la clôture, placée sur la ligne divisoire de deux héritages, appartient, conjointement avec le fonds, à chacun des propriétaires contigus et les soumet aux frais de réparation, d'entretien, etc.

Une clôture mitoyenne n'est nullement une clôture commune ou indivise. Celle-ci, dans sa totalité et dans chacune de ses parties, *totum in toto, et totum in qualibet parte*, appartient à plusieurs personnes, sans qu'on puisse déterminer précisément la portion qui est propre à l'une plutôt qu'à l'autre.

Au contraire, la clôture mitoyenne, placée sur les extrémités de deux héritages contigus, appartient divisément pour moitié à chaque propriétaire, chacun de son côté; en sorte que la véritable ligne de séparation des deux fonds se trouve au milieu du mur.

La clôture peut être mitoyenne en tout ou en partie, et dans ce dernier cas, la partie mitoyenne peut se trouver soit dans la hauteur, soit dans la largeur, soit dans l'épaisseur de la clôture.

Nous examinerons successivement la mitoyenneté : 1° des murs, 2° des fossés, 3° des haies.

§ 1er.

Mitoyenneté des murs.

«Chez les peuples naissants, la dépendance réciproque des habita-«tions est nulle; chaque famille s'isole, et le peu de prix qu'on attache «aux terrains lui permet de mettre un grand espace entre elle et les «familles voisines; une maison est alors comme une île qu'un intervalle «sépare du rivage prochain.» (Discours d'Albisson au Tribunat, séance du 7 pluviôse an XII.)

En général, il est facile de remonter à la source d'une institution; car Rome a été le berceau de presque toutes. Mais ici la règle ordinaire fait défaut, et la raison en est simple.

A Rome, tout se résume dans la famille; la famille est une véritable société, et dans l'ordre politique et dans l'ordre religieux et dans l'ordre privé. Dans l'ordre politique, en effet, le *paterfamilias* tient entre ses mains une portion de la puissance publique : pouvoir législatif, pouvoir exécutif, pouvoir judiciaire, tout est réuni dans sa personne; c'est lui qui fait la loi, qui l'exécute, qui juge les infractions à cette loi, qui prononce la peine, qui la fait subir; en un mot, il est souverain. Dans l'ordre religieux, la famille a ses dieux domestiques, ses lares, ses sacrifices : elle seule jouit de ce culte; la communion en est refusée à tous autres individus. Dans l'ordre privé, la famille a son représentant, la personnalité de tous ses membres s'absorbe dans celle de son chef.

Chaque famille a donc sa Constitution spéciale : elle forme un État dans l'État; le *paterfamilias* en est le chef suprême, le pontife et le propriétaire. De là, le caractère âpre, avare, jaloux, concentré des Romains : aucune relation, aucune communication entre eux, excepté dans les comices, quand il s'agit de délibérer sur les affaires publiques; hors de là, chacun chez soi, personne n'a à se mêler de ce qui se passe dans les autres familles; le père de famille n'admet aucun contrôle, pas même celui des magistrats; il entend n'être contrarié par personne dans l'exercice des droits que la loi des Douze-Tables lui a conférés; aussi toute sa vie se passe au sein du foyer domestique.

Mais ce n'est pas assez; non-seulement les relations extérieures ne doivent pas avoir lieu, il faut encore en prévenir jusqu'à la possibilité. Aussi, les maisons seront bâties loin les unes des autres; on les appellera des îles, *insulæ*; les habitudes, la loi elle-même, pour éviter tout froissement, prescrivent qu'entre chaque habitation on laisse un intervalle assez spacieux, une espèce de terrain neutre qu'on nomme *Ambitus*.

Les mœurs publiques et la loi prohibaient donc la contiguité des maisons, et si, par la force des circonstances, lors du plus grand développement de Rome, quelques bâtiments ont été adossés l'un à l'autre, la mitoyenneté des murs n'en pouvait s'établir que par convention et testament.

Ainsi, Rome ignora complétement et la mitoyenneté présumée et la mitoyenneté forcée.

La mitoyenneté est née sur le sol français; c'est une création toute nationale. Sur plusieurs points du pays, la nécessité de l'*ambitus* s'était légalement maintenue sous le nom de *tour d'échelle* ou d'*investison*. D'un autre côté, les coutumes qui admettaient la mitoyenneté étaient très-divergentes ; les unes admettaient la mitoyenneté forcée, les autres la mitoyenneté facultative, d'autres enfin la mitoyenneté présumée.

Le législateur de 1804 avait à résoudre une grande difficulté. Consacrerait-il la mitoyenneté forcée ou facultative ? En d'autres termes, lorsqu'un propriétaire a bâti, sans le concours de l'autre, le mur séparatif de leurs héritages, l'autre qui est resté étranger à la construction pourra-t-il, oui ou non, en offrant le remboursement de la moitié de la valeur du terrain et du mur, forcer son voisin à lui céder la mitoyenneté ?

A l'exemple de la coutume de Paris, et pour prévenir des refus dictés par l'humeur et le caprice, le Code civil s'est sagement prononcé pour la mitoyenneté forcée (art. 661).

Nous l'avons dit, la mitoyenneté d'un mur peut être totale ou partielle. Aucune fin de non-recevoir ne peut être opposée par le propriétaire à son voisin, ni l'existence du mur depuis plus de 30 ans (art. 2232), ni l'utilité négative qui en résulterait pour l'héritage contigu : pourvu que le voisin paie moitié de la valeur de la partie qu'il veut rendre mitoyenne, et du terrain qui porte cette partie, le propriétaire ne peut refuser.

En cas de désaccord sur le prix, il est statué par des experts, le tout aux frais de l'acquéreur.

Si l'on peut être contraint à céder la mitoyenneté, il est clair qu'on doit pouvoir forcer son voisin, dans les villes[1] et faubourgs[2], à con-

---

1. C'est à l'autorité administrative et, au besoin, aux tribunaux, à décider si telle ou telle agglomération d'habitants constitue ou non une ville.

2. L'autorité administrative a seul le droit de fixer jusqu'où s'étendent les faubourgs d'une ville. C'est là une question de circonscription territoriale dont les tribunaux ne peuvent pas connaître (MM. Aubry et Rau, tome II, n° 240, note 3 ; Duranton, tome V, 319, note ; Pardessus, n° 148).

tribuer à la construction et à l'entretien de la clôture qui doit séparer les deux fonds (art. 663).

C'est là ce qu'on appelle la *clôture forcée*.

Deux propriétaires voisins à la campagne ne pourraient se prévaloir de ce droit, qui n'est réservé qu'aux villes et aux faubourgs. C'est qu'en effet, à la campagne, les clôtures sont moins indispensables que dans les centres considérables des populations.

Quant à la hauteur de la clôture obligatoire, elle est fixée par les règlements particuliers ou les usages constants et reconnus; et à défaut d'usage et règlement, le mur séparatif doit avoir 32 décimètres de hauteur, compris le *chaperon*[1], dans les villes de 50,000 âmes et au-dessus, et 26 décimètres dans les autres.

L'usage décide les matériaux qu'on doit employer.

La mitoyenneté n'est pas seulement forcée, elle est encore présumée.

Quand il y a titre d'acquisition, ou bien quand il est positif que les deux propriétaires ont construit le mur à frais communs, ou enfin lorsque la prescription a consolidé la possession trentenaire du mur, comme commun pour moitié, il n'y a aucune difficulté.

Mais dans la grande majorité des cas, ces circonstances ne se rencontrent pas. Alors que fait la loi? Elle présume que le mur a été édifié à frais communs, et le déclare mitoyen (art. 653).

Toutefois la présomption de mitoyenneté n'est pas absolue. En effet:

1° Elle ne s'étend qu'au mur existant entre deux bâtiments ou entre deux terrains enclos, que ces bâtiments ou ces terrains se trouvent à la ville ou à la campagne. Ainsi elle ne s'appliquerait pas entre un bâtiment et un enclos, malgré l'opinion contraire de MM. Toullier, Pardessus et Delvincourt.

1. Le chaperon est le sommet d'un mur formé de chaux et de plâtre, et quelquefois couvert de tuiles ou de pierres de taille pour le garantir.

2° Elle ne s'étend que jusqu'à l'héberge [1].

3° Elle cède devant quelques circonstances accidentelles qui font disparaître cette considération fondamentale de la mitoyenneté, que le mur procure une égale utilité aux deux héritages.

La présomption de mitoyenneté n'a pas lieu dans les cas suivants :

a) Lorsqu'il y a un titre duquel résulte péremptoirement le droit de propriété exclusive de l'un des voisins.

b) Quand il y a preuve de la possession exclusive du mur séparatif pendant 30 ans au moins (arg. art. 670).

c) Quand il y a marque du contraire.

Les signes légaux de non-mitoyenneté d'un mur étaient très-nombreux dans l'ancien droit, et la plupart abandonnés à l'arbitraire du juge. Il est certain, qu'en vertu de la non-rétroactivité des lois, si un mur existait avant la promulgation du Code civil, le propriétaire serait parfaitement admis à se prévaloir de ces indices.

Mais quant à tous les murs établis postérieurement au Code, ils sont unanimement régis par l'art. 654 qui ne sanctionne et ne reconnaît que trois marques de non-mitoyenneté.

1° Une sommité de mur inclinée d'un seul côté.

2° L'existence d'un chaperon ou de filets [2] d'un seul côté.

3° L'existence de corbeaux [3] d'un seul côté du mur.

Dans ces différents cas, le mur appartient exclusivement et privativement au propriétaire du côté duquel se trouvent ces indices.

La présomption de non-mitoyenneté n'est que *juris tantum*, c'est-à-

---

1. L'héberge (vieux mot français dérivé de héberger, loger, couvrir) est le point où deux bâtiments cessent d'être adossés l'un à l'autre.

2. Le filet ou larmier est la partie protubérante du chaperon, quand celui-ci est droit. C'est là la continuation de la couverture dans la partie qui déborde le mur.

3. Les corbeaux sont des pierres de saillie posées pour appuyer des poutres, lesquelles pierres sont planes au-dessus et courbes au-dessous. Il ne faut pas les confondre avec les pierres d'attente ou *harpes*, qu'on place en bâtissant pour souder les maisons les unes aux autres.

dire que la preuve contraire peut être administrée. Ainsi, une preuve littérale de mitoyenneté ferait fléchir les signes légaux de non-mitoyenneté, quand même ces signes auraient existé plus de trente ans (Duranton, V, art. 311). MM. Pardessus (n° 161) et Delvincourt (pag. 395 et 396) sont d'un avis contraire.

Quelles sont les conséquences de la mitoyenneté?

1° Chacun des propriétaires a le droit de faire servir le mur mitoyen à ses besoins: seulement, il ne doit rien faire qui puisse léser les droits du propriétaire voisin.

Ainsi, tout copropriétaire peut faire bâtir contre un mur mitoyen et y faire placer des poutres ou solives dans toute l'épaisseur du mur à 54 millimètres près, sans préjudice du droit qu'a le voisin de faire réduire à l'ébauchoir [1] la poutre jusqu'à la moitié du mur, dans le cas où il voudrait lui-même asseoir des poutres dans le même lieu ou y adosser une cheminée (art. 657).

2° Tout copropriétaire peut faire exhausser le mur mitoyen; mais, comme lui seul en profite, il doit payer seul la dépense de l'exhaussement et les réparations d'entretien au-dessus de la hauteur de la clôture commune, et en outre l'indemnité de la charge, en raison de l'exhaussement et suivant la valeur (art. 658).

Si le mur mitoyen n'est pas en état de supporter l'exhaussement, celui qui veut l'exhausser doit le faire reconstruire en entier à ses frais, et l'excédant d'épaisseur doit se prendre de son côté (art. 659).

Il est évident que l'art. 659 s'appliquerait très-bien, si, sans être obligé de reconstruire le mur, on se contentait, pour le solidifier et le reconforter, de lui donner un surcroît d'épaisseur.

Dans tous les cas et en vertu de motifs identiques à ceux qui ont déterminé le législateur à consacrer la mitoyenneté forcée, le voisin qui n'a pas contribué à l'exhaussement n'en a pas moins le droit

1. L'ébauchoir est un instrument de charpentier au moyen duquel on enlève les poutres jusqu'à la partie mitoyenne du mur.

d'acquérir la mitoyenneté en payant moitié de la dépense et moitié de la valeur du sol fourni par l'autre propriétaire pour l'excédant d'épaisseur s'il y a lieu (art. 660).

3° La loi qui veut le maintien des devoirs de bon voisinage, décide que l'un des copropriétaires ne peut, avant d'avoir au préalable demandé le consentement de l'autre, ou fait régler par experts les moyens nécessaires pour ne pas nuire aux droits de celui-ci, ni pratiquer dans le corps d'un mur mitoyen aucun enfoncement, ni y appliquer ou appuyer aucun ouvrage (art. 662).

4° La réparation ou la reconstruction d'un mur mitoyen sont à la charge des ayants-droit proportionnellement aux droits de chacun (art. 655).

Toutefois, comme cette charge n'est imposée au propriétaire qu'en sa simple qualité de détenteur, il peut très-bien s'y soustraire en abandonnant son droit de mitoyenneté, sauf dans le cas où le mur mitoyen soutient un bâtiment qui appartient à ce propriétaire (art. 656); car l'abandon ne serait que fictif, puisque le renonçant continuerait à profiter du mur sans en supporter les charges.

Le copropriétaire ne pourrait pas non plus s'affranchir des obligations qu'impose la mitoyenneté, si la nécessité de la reconstruction ou des réparations provenait de son fait personnel. Car il ne serait plus tenu ici comme propriétaire, mais bien comme personnellement lié (art. 1370).

L'abandon de la mitoyenneté comprend non-seulement le droit de propriété jusqu'à la moitié du mur, mais encore tout le terrain sur lequel cette partie est construite. Car ces deux choses sont inséparables.

5° Il est évident que, en cas de reconstruction du mur mitoyen, les servitudes actives et passives continuent sans aggravation sur le nouveau mur, sauf le cas où elles seraient éteintes par la prescription (art. 665).

Dans la section qui nous occupe, le Code civil prévoit un cas (art.

D.   7

664) qui rentre plutôt dans les conditions de la copropriété que de la mitoyenneté ; c'est celui où divers étages d'une maison appartiennent à différents propriétaires.

Si le titre ne règle pas le mode de réparations et reconstructions, elles sont faites ainsi qu'il suit : Les gros murs et le toit sont à la charge de tous, en proportion de la valeur de l'étage qui appartient à chacun : le propriétaire de chaque étage fait le plancher sur lequel il marche ; le propriétaire du premier étage fait l'escalier qui y conduit, celui du second étage fait à partir du premier celui qui conduit chez lui, et ainsi de suite.

§ 2.

Mitoyenneté des fossés.

Les fossés qui se trouvent sur la ligne précisément séparative de deux héritages qui se joignent, sont réputés mitoyens (art. 666).

Cependant la présomption de mitoyenneté cède : 1° devant un titre contraire, c'est-à-dire, devant un titre qui attribue à l'un des propriétaires le domaine exclusif du fossé ; 2° devant la marque du contraire.

Le Code civil n'admet qu'un seul indice de non-mitoyenneté, c'est quand la levée ou le rejet de la terre se trouve seulement d'un côté du fossé (art. 667), auquel cas le fossé est réputé la propriété de celui du côté duquel le rejet se trouve (art. 668), car l'existence de ce rejet prouve que c'est le propriétaire seul qui a construit et entretient le fossé.

Les règles sur les droits et devoirs résultant de la mitoyenneté des fossés sont les mêmes que celles relatives à la mitoyenneté des murs ; par exemple, le fossé mitoyen doit être entretenu à frais communs (art. 669), sauf le droit qu'a chaque propriétaire de se décharger de cette obligation en abandonnant la mitoyenneté. Toutefois il ne le pourrait si le fossé sert d'écoulement aux fonds supérieurs, ou si c'est uniquement par son fait personnel que le fossé a été comblé.

§ 3.

Mitoyenneté des haies.

La haie est un mode de clôture très-usité à la campagne. Elle est vive ou sèche, selon qu'elle a ou non des racines en terre.

Dans tous les cas, elle est réputée mitoyenne quand elle sépare deux héritages, à moins qu'il y ait 1° titre contraire, 2° possession suffisante de non-mitoyenneté. Cette possession doit être trentenaire ; car la présomption de mitoyenneté ne fléchit pas dans la saisine possessoire, mais seulement devant l'usucapion accomplie ; 3° marque du contraire : par exemple, si l'un des fonds seul est entouré de haies, elle lui appartiendra (art. 670).

La haie mitoyenne doit être entretenue à frais communs.

Quant aux arbres à haute tige qui dominent la haie, ils sont toujours réputés mitoyens, sans qu'il soit besoin d'examiner s'ils poussent uniquement dans la partie de la haie appartenant à tel propriétaire.

Comme ces arbres peuvent devenir la source de discorde, chaque propriétaire peut requérir qu'ils soient abattus.

SECTION II.

PLANTATION D'ARBRES.

Il faut éviter, dans l'intérêt de l'agriculture et dans celui du bon voisinage, que les propriétaires contigus, en vertu de leur droit absolu de domaine, puissent se nuire les uns aux autres, en plantant des arbres sur la ligne précisément séparative de leurs héritages.

Les inconvénients de la trop grande proximité des arbres ont de tous temps attiré l'attention toute spéciale du législateur. Le Code de Solon y avait pourvu, et la loi des Douze-Tables lui a emprunté ses sages dispositions sur cette matière, comme du reste dans tant d'autres. Justinien crut aussi devoir y consacrer beaucoup de passages de ses Pandectes ; la grande majorité des coutumes adoptèrent les principes romains, et le Code civil les consacre encore aujourd'hui. Mais celui-ci, convaincu avec raison qu'une règle fixe et invariable cadrerait mal avec les nécessités de la culture, qui varie avec chaque département, a cru ne pouvoir rien faire de mieux que de s'en rapporter aux règlements et usages locaux.

C'est seulement à défaut et en l'absence d'usages locaux qu'il n'est pas permis de planter d'arbres de haute tige à moins de deux mètres de la ligne séparative des héritages, et d'un demi-mètre pour les autres arbres et haies vives (art. 671).

En cas de contravention, le voisin peut exiger qu'ils soient arrachés, à moins que la prescription n'ait consolidé cette usurpation.

Quand les branches des arbres du voisin (à quelque distance du reste qu'ils soient plantés, distance légale ou non) avancent en luxuriant sur la propriété de l'autre, celui-ci peut toujours requérir qu'elles soient coupées, sauf le cas prévu par l'art. 150 du Code forestier.

Enfin, lorsque les racines avancent sur l'héritage des voisins, celui-ci, en vertu du droit écrit pour lui dans l'art. 552, peut les couper (art. 672).

La servitude de distance pour plantations d'arbres et d'arbustes s'applique même aux forêts, quant aux arbres placés sur la lisière, malgré les priviléges spéciaux dont jouissent ces sortes de propriétés (ordonnance complémentaire du Code forestier, art. 176, 2°).

La servitude *Glans legenda* de Rome ne subsiste plus en Droit français. Le propriétaire d'un arbre non mitoyen dont les branches poussent au-dessus du fonds voisin, ne peut venir sur ce fonds pour récolter les fruits de cet arbre; d'un autre côté, le voisin sur le fonds duquel se trouvent les branches n'a pas le droit non plus de cueillir les fruits, de sorte que, à moins de concessions réciproques, ils périront sur place. Si les fruits tombent de maturité, personne régulièrement n'aurait le droit de les ramasser.

DISTANCES ET OUVRAGES INTERMÉDIAIRES REQUIS POUR CERTAINES CONSTRUCTIONS.

Celui qui fait creuser un puits ou une fosse d'aisance près d'un mur mitoyen ou non, celui qui veut y construire cheminée, ou âtre, forge, four ou fourneau, y adosser une étable, ou établir contre ce mur un magasin de sel ou amas de matières corrosives, est obligé de laisser la distance prescrite par les règlements et usages particuliers sur ces objets, ou de faire les ouvrages prescrits pour éviter de nuire à son voisin (art. 674).

Cet article, loin d'être une véritable servitude, n'est qu'une application spéciale de l'art. 1382, c'est-à-dire de l'action aquilienne du Droit français.

Le voisin qui éprouve un dommage résultant d'une des constructions ci-dessus spécifiées, n'a pas pour cela le droit de se plaindre, si l'autre propriétaire ne fait qu'user d'un droit légal; il ne pourra réclamer de dommages-intérêts que lorsqu'il y aura *dammum injuria datum.*

Nous croyons qu'on doit encore suivre sur ce point les dispositions éminemment rationnelles du Droit romain, en considérant comme dommageables tous travaux qui seraient de nature à transmettre à l'héritage voisin des substances quelconques, soit à y entraîner des éboulements de terre ou de construction. Au contraire, on ne regardera pas comme dommageables les travaux qui priveraient simplement le voisin des avantages dont il jouissait (MM. Aubry et Rau, t. II, n° 243).

D'ailleurs, depuis le Code civil, de nombreuses dispositions réglementaires ont été publiées sur ces différents sujets ; nous les avons citées dans la 1re partie.

VUES SUR LA PROPRIÉTÉ DES VOISINS.

Chacun chez soi, c'est là une maxime bien ancienne, mais qui, loin de s'affaiblir avec les années, reçoit au contraire de chaque siècle une consécration nouvelle. Le législateur n'a fait que traduire en précepte obligatoire cet adage, qui a passé dans les mœurs publiques, et s'est appliqué à éviter tout ce qui, dans l'exercice du droit de vue, pourrait gêner les voisins. De là les servitudes de jours.

Les ouvertures ou fenêtres pratiquées dans un bâtiment peuvent être disposées de deux manières : 1° dans un mur parallèle à la ligne séparative de deux héritages, ce sont des jours droits ou d'aspect ; 2° dans un mur qui forme un angle avec cette ligne séparative, ce sont des jours obliques ou de côté.

Il y a une différence entre les vues et les jours.

Les vues sont des fenêtres proprement dites, c'est-à-dire, des ouvertures garnies de châssis, qui ont pour objet de faire pénétrer de la lumière et de l'air et de permettre de voir au dehors.

Les jours sont des ouvertures destinées seulement à donner de la lumière.

Si le mur est mitoyen, l'un des voisins ne peut, sans le consentement de l'autre, y percer aucune espèce d'ouverture (art. 675).

Si, au contraire, le mur est non mitoyen, le propriétaire peut y pratiquer toutes sortes d'ouvertures, sous les conditions suivantes :

a) Lorsque le mur joint immédiatement l'héritage voisin, les fenêtres doivent être à verre dormant, garnies d'un treillis de fer dont les mailles ne peuvent avoir qu'un décimètre au plus, et d'un châssis à verre dormant.

De plus, les ouvertures doivent être à 26 décimètres au-dessus du plancher du sol de la chambre qu'on veut éclairer, si c'est à rez-de-chaussée, et à 19 décimètres au-dessus des planches pour les étages supérieurs (art. 676 et 677).

Cette hauteur se mesure à partir du plancher, jusqu'au-dessus des appuis ou enseuillements du jour que l'on veut établir. Du reste, les dimensions des jours ne sont fixées ni en hauteur ni en largeur.

b) Il ne peut pratiquer des vues droites ou fenêtres d'aspect, ni balcon ou autres semblables saillies sur l'héritage clos ou non clos du voisin, s'il n'y a 19 décimètres de distance entre le mur où on les pratique et ledit héritage (art. 678 et 680).

Cette distance se compte pour les fenêtres, depuis le parement extérieur du mur où elles se trouvent, et pour les balcons à partir de la ligne extérieure de la balustrade.

c) Il ne peut pratiquer de vues obliques sur l'héritage du voisin, à une distance moindre de 6 décimètres (art. 679).

Cette distance se mesure à partir de l'arête du montant de cette fenêtre, et non plus à partir de la ligne extérieure du mur où se trouve la fenêtre.

On ne doit pas hésiter d'appliquer les art. 678-680, même au cas où les deux héritages sont séparés par la voie publique (Pardessus, I, n° 204).

La mitoyenneté ou la non-mitoyenneté influent sur l'exercice du droit de vue. Si le mur séparatif de deux héritages est non-mitoyen, le propriétaire de l'héritage voisin ne perd pas pour cela le droit qu'il a d'élever des bâtiments ou constructions, encore qu'il puisse arriver que par là les jours pratiqués dans le mur non-mitoyen soient complétement obstrués. L'existence de ces ouvertures depuis plus de 30 ans serait une arme impuissante entre les mains de leur propriétaire pour s'opposer à ces bâtisses.

Mais si, usant de son droit, le propriétaire limitrophe force le voisin à lui céder la mitoyenneté, il pourra faire supprimer les jours établis d'après les art. 676 et 677, parce qu'on rentre alors sous l'application de l'art. 675. Dans ce cas, la prescription trentenaire n'est d'aucune utilité. Mais si cette prescription a consolidé la possession d'ouvertures pratiquées en contravention aux art. 678 et 679, le voisin, même en acquérant la mitoyenneté, ne saurait les faire fermer.

SECTION V.

ÉGOUT DES TOITS.

Nul ne peut établir ses toits, de manière à ce que les eaux pluviales s'écoulent sur le fonds de son voisin. Il doit faire en sorte qu'elles tombent sur son terrain ou sur la voie publique (art. 681).

Si l'on est obligé de souffrir que les eaux qui descendent naturellement des fonds supérieurs, soient déversées sur les fonds inférieurs (art. 640), il est évident que la même charge ne saurait subsister lorsque les eaux sont condensées artificiellement par la main de l'homme. Dans ce cas, le propriétaire doit prendre ses mesures pour que ses voisins n'aient rien à en souffrir.

SECTION VI.

DROIT DE PASSAGE.

Il est indispensable que la loi brise les résistances plus ou moins fondées que les propriétaires pourraient opposer à celui qui viendrait leur demander un passage sur leur fonds, parce que son terrain est enclavé, ou parce que l'issue sur la voie publique est insuffisante pour l'exploitation (art. 682).

Mais, d'un autre côté, il y a deux dangers à éviter : 1° attenter au droit de propriété, en refusant toute espèce d'indemnité pour le dommage occasionné par cette servitude : 2° grever les héritages intermédiaires d'une charge en définitive très-lourde, lorsqu'il est possible d'alléger cette charge.

Aussi la loi a-t-elle statué : 1° que le propriétaire du fonds enclavé doit payer une indemnité proportionnée au préjudice qu'il cause : 2° que le passage doit être pris du côté le plus court, ou du moins de la manière la moins préjudiciable à celui sur le fonds duquel il est pris (art. 683 et 684).

Il est évident, *a*) que le droit de réclamer le passage nécessaire est imprescriptible, *b*) qu'une fois accordé, le passage, tant que la nécessité subsistera, ne pourra jamais être refusé, lors même que l'inaction du créancier de l'indemnité aurait laissé atteindre cette indemnité par la prescription de trente ans.

Si, une fois accordé, le droit de passage n'a pas besoin d'être consolidé par l'usucapion, le mode du passage est susceptible, à défaut de règlement conventionnel, d'être irrévocablement fixé par l'usucapion.

Si l'enclave vient à cesser, le droit de passage ne peut plus être réclamé.

En dehors du Code civil, on trouve quelques autres servitudes de passage; nous en avons déjà indiqué plusieurs dans la première partie. Nous en citerons encore deux : 1° Le propriétaire d'un essaim d'abeilles a le droit de le réclamer et de s'en ressaisir, tant qu'il ne l'a point perdu de vue en le suivant (loi du 28 sept. — 6 oct. 1791, tit. I, section III, art. 5).

2° Le propriétaire d'objets enlevés par la violence des eaux, peut passer sur le terrain d'autrui pour les repêcher (Dig. 10, 4, 5, 4).

On s'est demandé, si la servitude connue dans le droit coutumier sous le nom de servitude d'échelage ou de tour d'échelle existe encore à l'état de servitude légale. Elle consistait dans ce droit qu'avait le propriétaire d'un mur, quand il voulait le réparer, d'exiger sur le fonds voisin un certain espace pour placer les échelles. Le Code civil n'en fait nulle mention, et par conséquent la servitude d'échelage ne peut plus exister qu'à titre de servitude conventionnelle.

D.   8

D'ailleurs c'est une règle constante, que tout asservissement des propriétés, qui dérive uniquement de l'usage, et qui n'est fondé ni sur le Code civil ni sur les lois rurales, a été aboli par l'art. 7 de la loi du 30 ventôse an XII (Cour de cassation, arrêt du 21 avril 1813, Sirey, vol. 13, 1re partie, page 305).

APPENDICE A LA DEUXIÈME PARTIE.

Quelques notions sur les caractères généraux, les modifications, l'exercice, l'extinction des servitudes légales privées et sur les actions qui s'y rattachent.

Les rédacteurs du Code civil ont pris un soin tout particulier à déterminer la nature, les modifications, l'exercice et l'extinction des servitudes conventionnelles : mais ils n'ont pas cru devoir faire la même chose relativement aux servitudes légales. Quelques explications sont donc nécessaires.

I. *Nature.*

Les lois sur les servitudes légales privées ont toujours en vue un intérêt, une convenance réciproque ; ce sont des lois de conciliation, plutôt que de rigueur.

Elles découlent pour la plupart de conventions tacites intervenues entre les hommes, soit au moment de leur réunion en société, soit au fur et à mesure que la nécessité s'en est fait ressentir.

L'équité doit donc surtout présider à l'interprétation des servitudes légales. Tout doit y être de conciliation.

La plupart des servitudes légales d'intérêt privé, tels que le passage, la mitoyenneté, etc., sont bien plutôt des facultés légales que des servitudes. En effet, une servitude est un droit acquis et parfait, susceptible d'être éteint par prescription. Au contraire, les facultés légales ne sont que le pouvoir d'acquérir un droit quand bon vous semble, et par conséquent ne peuvent être prescrites. Toutefois les facultés légales diffèrent beaucoup des actes qu'on appelle de tolérance (Pardessus, tome I, n° 21).

Au surplus, toutes les servitudes légales privées que le Code énumère sont continues et apparentes, sauf le passage nécessaire.

II. *Modifications.*

La liberté absolue des conventions en matière de servitudes laisse aux particuliers la faculté de modifier les servitudes légales et de déroger aux lois qui les établissent, quoique conçues en termes négatifs; car toutes les lois conçues en termes négatifs ne sont pas prohibitives (Toullier, tome III, n° 591).

Quand une loi ordonne ou défend quelque chose, ce peut être 1° dans l'intérêt public, alors la convention n'y peut déroger; 2° dans l'intérêt privé, dans ce cas *licet cuique, juri in favorem suum introducto renuntiare.* La renonciation peut être expresse (contrat) ou tacite (prescription); dans l'intérêt public et privé à la fois (voy. art. 674 du Code civ.), alors on n'y peut faire aucune modification.

Il faut donc tenir pour certain que la convention formelle ou présumée des parties peut apporter des extensions ou des restrictions aux servitudes légales d'intérêt privé. En effet, quoiqu'en vertu de l'art. 651 on soit maître d'abandonner la mitoyenneté, il est positif qu'on peut renoncer à ce droit d'abandon.

Ainsi, toute stipulation tendant à modifier quelque disposition de la loi n'est pas *ipso jure illicite.* Par exemple, quoique l'art. 678 dise : «On ne peut avoir de vues droites,» il est évident qu'on peut en acquérir par convention ou prescription.

Quand on dit que les servitudes légales s'acquièrent, ce mot acquérir n'est pas pris dans son acception ordinaire; car il n'y a pas toujours concours et accord de deux volontés; cela signifie seulement que ces droits sont susceptibles de s'accroître ou, suivant les circonstances et la nature des droits, d'être notablement restreints.

La prescription de trente ans mène à l'acquisition des servitudes continues et apparentes (art. 690); par conséquent elle peut ajouter à celles qui résultent de la loi. Toutes, en effet, sont continues et apparentes, sauf le passage nécessaire, et encore cette dernière servitude légale, quoique discontinue, n'est-elle pas moins susceptible d'être augmentée par prescription, à cause de sa nature toute exceptionnelle, c'est-à-dire de la nécessité qui préside à son établissement.

III. *Exercice.*

Comme le dit M. Pardessus (tome Ier, n° 54), les règles sur l'exercice des servitudes légales se réduisent à deux : 1° On doit concilier l'intérêt de l'héritage dominant avec la moindre incommodité de l'héritage assujetti; 2° dans le doute, il faut se décider pour la liberté des fonds.

Que si nous appliquons les deux principes, nous verrons que :

a) Il faut examiner le fonds dominant dans l'état où il se trouvait lors de l'établissement de la servitude; et l'héritage grevé doit autant que possible satisfaire aux besoins de ce fonds ainsi considéré. Il faut donc toujours rechercher l'objet primitif de la servitude.

b) Celui qui a un droit de servitude ne peut l'exercer que dans la mesure fixée par la loi ou les règlements. Toutefois son droit s'étend virtuellement aux accessoires indispensables pour user de la servitude. De plus, il peut faire tout ce qui est nécessaire pour conserver la servitude (art. 697), à charge de supporter les frais des ouvrages et de les exécuter de la manière la moins incommode pour l'héritage servant.

c) Le propriétaire du fonds assujetti doit souffrir l'usage de la servitude et ne rien entreprendre qui puisse en diminuer les avantages

ou la rendre illusoire. Il ne peut rien changer à l'état des lieux. Toutefois si l'assignation primitive du lieu où s'exerce la servitude devenait
trop onéreuse, il a le droit de contraindre le propriétaire du fonds
dominant à accepter un autre point aussi commode pour l'exercice
de son droit. Il peut faire lui-même tout ce qui est nécessaire pour
prévenir ou réparer les dommages que lui causerait l'exercice de la
servitude, ou même la faire tourner à son avantage (Pardessus,
tome 1er, nos 65 et suiv.).

d) La servitude doit être interprètée strictement, et, par identité de
raison, on ne peut exiger une servitude que la loi ne crée pas expressément.

IV. *Extinction.*

Les servitudes légales d'intérêt privé ne s'éteignent pas pour tous
les modes énoncés dans les art. 703—710.

Et d'abord elles ne s'éteignent pas par le *non-usage.*

*In actibus qui dependent ex libera facultate unius qui potest facere vel non,
ac certum modum servare vel non, abstinentia vel observantia certi ac determinati
modi, quantumcumque diuturna non censetur implicare contrarium usum, nec
inducit de suetudinem, vel præscriptionem ad alium modum utendi* (Dumoulin,
Gloss. 4, n° 15, sur l'art. 1er de la coutume de Paris).

Il est évident que la nature des choses ne permet pas de sacrifier
les servitudes légales au non-usage ou au silence des parties, quelque
longs qu'ils aient été. Car, en définitive, encore bien qu'on ait négligé
d'user d'un droit pendant trente ans, il ne pourra jamais arriver que
le fait qui résulte de la situation respective des héritages soit changé.

D'ailleurs, comme nous l'avons dit, les facultés légales ne se prescrivent pas par le non-exercice (art. 2232): ce qui n'empêche pas, du
reste, que les droits qu'elles donnent puissent être modifiés ou même
totalement paralysés par les entreprises du propriétaire du fonds servant, ou par des actes contradictoires qui, faisant acquérir des droits

opposés à cet autre propriétaire, empêchent celui contre lequel ils ont été prescrits, de profiter de la faculté légale dont il jouissait.

Au surplus, ces facultés n'ayant été créées que dans l'intérêt privé, il est très-naturel qu'on puisse consentir tacitement une restriction ou modification quelconque à l'exercice de ces facultés, quand la loi ne s'y oppose pas.

La confusion éteint les servitudes légales particulières. Peu importe que la confusion soit totale, c'est-à-dire qu'en vertu d'un acte translatif de propriété, les deux héritages se trouvent réunis dans la même main, ou qu'elle soit seulement partielle, c'est-à-dire que la partie du fonds grevée de servitude soit seule délaissée par le propriétaire qui veut se soustraire aux frais d'entretien.

Les servitudes légales cessent aussi lorsque les choses se trouvent dans un tel état qu'on n'en peut plus user; mais elles revivent si la situation primitive de l'héritage se trouve rétablie postérieurement.

V. *Actions relatives aux servitudes légales privées.*

Les servitudes légales étant réelles immobilières, toutes les actions qui en découlent sont réelles immobilières.

Ces actions sont de deux sortes, *pétitoires* et *possessoires.*

L'action pétitoire est celle qui se rapporte à la propriété des servitudes. Elle est double : 1° *confessoire*, quand on prétend qu'un fonds doit une servitude légale à un autre; 2° *négatoire*, quand le propriétaire revendique la franchise de son fonds.

Les actions possessoires, en matière de servitudes légales, offrent de grandes difficultés.

Pour qu'il y ait lieu à l'exercice d'une action possessoire, il faut deux conditions : 1° condition externe, c'est-à-dire le trouble ou la spoliation. Le trouble peut être de fait ou de droit, selon que le possesseur de la servitude légale est attaqué dans la détention matérielle de son droit, ou qu'il n'est inquiété que par une sommation judiciaire ou extrajudiciaire; 2° condition juridique. Il faut (C. de pr. civ., art. 23) *a*) que la possession de la servitude soit annale, c'est-à-dire que la saisine possessoire soit acquise; *b*) que la possession de la servitude soit paisible, publique, à titre non précaire, continue, non interrompue, non équivoque; *c*) que le possesseur de la servitude intente l'action dans l'année du trouble; *d*) que la servitude soit susceptible d'être acquise par usucapion; *e*) que le possesseur ait qualité pour prescrire.

Or, nous l'avons dit, toutes les servitudes légales privées étant, sauf le passage, continues et apparentes, peuvent être usucapées ainsi que leur mode; par conséquent, elles sont susceptibles d'actions possessoires. Ainsi, lorsque le propriétaire a fait ouvrir une fenêtre sur l'héritage voisin sans se conformer aux dispositions de l'art. 676, et s'il a usé de ce droit pendant un an et un jour, il aura, en cas de trouble postérieur, l'action possessoire pour se faire maintenir en possession.

En règle générale, aucune servitude discontinue ne produit d'action possessoire; pourtant, *ex necessitate*, il est permis de se faire maintenir dans la possession du droit de passage en cas d'enclave, et cela au moyen des actions possessoires. La cause en est que le motif qui empêche, en cas ordinaire, d'accorder une action possessoire pour la réclamation des servitudes discontinues, à savoir, la présomption qu'elles ne reposent que sur une simple tolérance; ce motif, dis-je, ne subsiste plus au cas spécial qui est marqué au cachet de la nécessité et de l'ordre public.

Il est assez difficile d'établir et de prouver péremptoirement la possession exclusive des fossés, haies, murs mitoyens; mais cela n'est pas impossible, et d'ailleurs la question de savoir si des faits de jouissance ont les caractères de la possession légale et peuvent mener aux actions possessoires, dépend de l'appréciation des juges.

En présence des art. 23 et 1041 du Code de procédure civile, qui imposent à toutes les actions possessoires les mêmes conditions de recevabilité, nous croyons qu'il est inutile de distinguer, comme le faisait l'ancien droit, trois espèces d'actions possessoires : 1° la complainte ou complainte en cas de saisine et de nouvelleté (en cas de simple trouble d'une possession annale); 3° la réintégrande (en cas d'éjection violente d'une possession annale ou non); 3° la dénonciation de nouvel‑œuvre (opposition du possesssur à des constructions qui lui nuisent).

Quoiqu'il en soit, constatons a) que le pétitoire est de la compétence des tribunaux civils, et que le possessoire ressortit au juge de paix à charge d'appel (loi du 25 mai 1838, art. 6); b) que le possessoire et le pétitoire ne peuvent pas se cumuler (C. de pr. civ., art. 25); c) que le possessoire doit être intenté avant le pétitoire, car agir au pétitoire, c'est reconnaître la possession de son adversaire (C. de pr. civ., art. 26); d) que le défendeur au possessoire ne peut se pourvoir au pétitoire avant la fin de l'instance au possessoire, et le paiement des condamnations prononcées par le juge de paix (C. de pr. civ., art. 27); e) que la possession et le trouble de possession se prouvent par témoins (C. de pr. civ., art. 24); f) que l'action possessoire a non-seulement pour objet de se faire maintenir ou réintégrer dans sa possession, mais encore d'obtenir des dommages-intérêts; g) que celui qui a triomphé au possessoire n'est pas pour cela dispensé d'administrer au pétitoire la preuve de son droit de propriétaire. C'est là une conséquence forcée de la liberté présumée des héritages.

JUS ROMANUM.

DE SERVITUTIBUS.

PROOEMIUM.

Servitutes sunt jura quædam contra naturam imposita, quibus rei dominus aliquid pati vel non facere, in alterius rei personæve utilitatem vel voluptatem, cogitur.

Servitutum enim non ea est natura ut aliquid faciat quis, veluti viridia tollat, aut amœniorem prospectum præstet, aut in hoc, ut in suo pingat, sed ut aliquid patiatur vel non faciat (D. 8, 1, 15, 1).

Servitus res incorporalis dicitur quia in jure consistit. Nam quid aliud sunt jura prædiorum, quam prædia qualiter se habentia, ut bonitas, salubritas, amplitudo (D. 50, 16, 86).

Servitutes autem rerum sunt aut personarum.

Personales definiuntur : ususfructus, usus et habitatio, denique servorum opera vel ministerium.

Reales sive prædiales ad fundorum commoditatem attinent : de istis nos tantum tractare decet.

B.   9

De servitutibus prædiorum.

PARS PRIMA.

Servitutum quæ sit natura.

Prædialis appellatur servitus quia prædio inhæret, et quia nisi sint prædia, creari non possit.

Si dominantem fundum spectaveris, certissimum est servitutem jus esse, nam novissimam et extraneam ex illa fundus accipit utilitatem ; si contra servientem fundum aspexeris, servitus in hoc constat, ut vel utendi, vel fruendi, vel abutendi jus minuatur et sæpius omnino disperdatur.

Res servit, non persona : ideoque servitus natura sua, semper ad hæredem vel emptorem transit (D. 8, 4, 12).

Nemini res sua servit (D. 8, 2, 26).

Nulla igitur potest esse servitus, sine duobus prædiis quorum unum alteri serviat ad alterum dominum pertinenti : ideoque non valet servitus, nisi ex illa dominans fundus aliquam seu voluptatem, seu commoditatem excipiat.

Utilitas præsertim ex prædiorum vicinio nascitur. Nihilominus nullo modo necesse est ut duo fundi strictissime juxtaponantur, dummodo prædii alterius interpositione, servituti non officiatur.

Requiritur tantum prædia vicina sese habere et non autem contigua, si præsertim inter dominantem fundum et servientem, area vel via publica intercedat.

Quicumque fundus liber et servitute vacuus præsumatur, ita jus esto.

Nullam enim dominium ãdmittit restrictionem : illi igitur qui servitutem allegat vel vindicat, non ei qui negat, incumbit onus probandi.

Libertatis vindicatio, sive causa liberalis, apud prætorem, magno favore utitur.

Servitus non ad personæ, sed ad alterius fundi utilitatem, imponitur. Itaque ut pomum decerpere liceat, et ut spatiari et ut cænare in alieno fundo possimus, servitus imponi non potest (D. 8, 1, 8).

Omnibus servitutibus oportet causæ perpetuæ adsint, ita ut fundi dominantis possessor jure semper frui possit, quamvis ex intervallo non semper eodem fruatur. Itaque neque ex lacu neque ex stagno concedi aquæductus potest, quia interdum imo sæpe exarescunt (D. 8, 2, 28). Jus autem Justiniani imperatoris leniorem in ista materia doctrinam attulit et constituit.

Denique ex substantia servitutum prædialium est ut individuæ sint, scilicet a toto fundo et qualibet fundi parte, et in favorem totius fundi et cujuslibet fundi partis, debeantur.

Hinc pro parte neque legari, neque adimi servitus potest (D. 8, 1, 11).

Quamvis individua sit servitutum causa, attamen, quoad tempus, quoad locum, quoad usum jus delimitare et secernere licet.

Ideo etiam, si fundi variæ sint partes et regiones, dum alicujus regionis domino servitus salva permaneat, aliæ partis domino adimi potest.

In solidum, ex stipulatore vel promissore, hæredes servitutis jus accipiunt. Inter illos si prædium dividatur, parti divisæ recte servitus imponitur, quia non jam est pars fundi, sed fundus.

Ipso quidem jure, servitutes neque ex tempore, neque ad tempus, neque sub conditione constitui possunt (D. 8, 1, 4).

PARS SECUNDA.

De servitutum divisione.

Servitutes prædiales aut rusticæ aut urbanæ dicuntur.

In jure romano, magnam hæc divisio utilitatem accipit; sed in hac materia apud doctores et juris peritissimos dissentio oritur.

Duplex est : 1° Quid est fundus rusticus, quid fundus urbanus ?

Si prædiorum naturam solummodo conspexeris, constat appellari rustica, prædia quæ extra urbes ponuntur, scilicet campi et ædificia quæ in rure surgunt; urbana autem dici, prædia quæ in urbibus jacent, scilicet ædificia et horti, quæ ædificiis adjiciuntur.

Hæc divisio maximi est momenti, si de Serviana actione vel Salviano interdicto agatur.

Certissimum vero est, quum de servitutibus disseritur, nullius ut si pretii locus quo servitus exercetur; quin servitutum aliæ in solo, aliæ in superficie consistunt (D. 8, 1, 3).

2° Nonne ex dominante vel serviente prædio, servitus rustica vel urbana denominari debet ?

Nullo modo, nomen ex ipsius servitutis natura et qualitate oritur. Si igitur in solo consistit, servitus est rustica, si in superficie, urbana.

Urbana autem prædia sunt omnia ædificia, in oppidis vel in rure sita : rustica autem, fundi et quodcumque in solo consistit, seu in rure, seu in urbibus.

§ I.

De servitutibus prædiorum rusticorum.

Servitutes prædiorum rusticorum, tales sunt ut non habeant certam continuamque possessionem : nemo enim tam perpetuo, tam continenter, irè potest, ut nullo momento possessio ipsius interpellari videatur (D. 8, 1, 14).

Servitutes prædiorum rusticorum, sive leges et conditiones agrorum, maxima antiquitate utuntur.

In juris romani cunabulis, res mancipi dicebantur, ideoque illas mancipatione tantum acquirere licebat. Novissimum autem Justiniani jus, res mancipi et nec mancipi omnino miscuit.

Præcipuæ servitutes prædiorum rusticorum sunt : iter, actus, via et aquæductus.

Iter est jus eundi et ambulandi hominis per fundum alienum, non etiam jumentum agendi (D. 8, 3, 1).

Actus est jus agendi jumentum vel vehiculum (D. 8, 3, 1).

Via est jus eundi, agendi et ambulandi : nam et iter et actum simul in se via continet (D. 8, 3, 1).

Viæ autem latitudo ex stipulatione definitur, et, si nihil dictum est, ex lege duodecim Tabularum. In porrectum octo pedes habet, in anfractum, id est, ubi flexum est, sedecim (D. 8, 1, 13).

Actus itinerisque latitudo ea est quæ demonstratur. Quod si silet stipulatio, non ex lege statuitur; arbiter verò ex æquo et bono illam delimitat.

Aquæductus est jus aquæ ducendæ per fundum alienum ad nostram utilitatem (D. 8, 3, 1).

Multæ aliæ sunt rusticorum prædiorum servitutes, scilicet, aquæ hautus, jus pascendi, cætera similia.

§ II.

De servitutibus prædiorum urbanorum.

Urbanorum prædiorum, talia jura sunt : altius tollendi et vicini luminibus officiendi, item non extollendi, stillicidium avertendi in tectum vel aream vicini, item tigni in parietem immittendi et denique projiciendi, prospectui officiendi, cæteraque istis similia.

Servitus altius tollendi jus est quo vicinus pati cogitur, me ædes tollere altius quam ex loci statuto liceret.

Servitus altius non tollendi, est jus quod mihi competit ut vicinus ultra ædificium extollere non possit.

Inter non officiendi luminibus et ne prospectui officiatur servitutes, maxima est affinitas.

Nam quum servitus imponitur ne luminibus officiatur, hoc volumus ut vicinus nostrorum ædificiorum lumina non obscuret, sive muri, sive arborum interpositione. Lumen autem, id est, ut cœlum videatur.

Servitus ne prospectui officiatur, in eo consistit ut prospectus liberior et amœnior permaneat. Prospectus autem ab inferioribus locis etiam est, lumen ex inferiore loco esse non potest.

Servitus cloacæ immittendæ, est jus sordes fundi per vicinum fundum ejiciendi (D. 8, 1, 7).

Omnes aliæ urbanorum prædiorum servitutes communem habent naturam; inter eas, unicam adhuc nos spectare decet, scilicet oneris ferendi. Nam contra definitionem quam supra enuntiavimus, fundi servientis dominus aliquid facere cogitur : columnam restituere debet, quæ onus vicinæ ædis sustinet. In lege ædium, hoc scriptum est : «Paries oneri ferundo, uti nunc est, ita sit.»

PARS TERTIA.

Quibus modis prædiales servitutes constituantur.

Pluribus modis servitutes prædiis imponuntur, scilicet stipulationibus, pactis, testamento, adjudicatione, emptione-venditione, et longi temporis præscriptione.

Si quis velit vicino prædio aliquod jus constituere, stipulationibus id efficere potest (Inst. 2, 3, 4). Stipulatio autem in hoc consistit, ut interroganti congrue responderis, velut: promittisne mihi in tuo fundo jus pascendi? promitto.

Nihil tam naturale est, ut voluntas hominis, quum conditiones extraneæ lege definitæ observantur, jura constituere possit in alterius prædii utilitatem.

Sed servitutem prædio imponere solus dominus potest. Longe etiam est evidentius, neminem in alium plus juris transferre posse quam et ipse habet. Idcirco qui revocabile dominium in prædio habebit, revocabiles servitutes constituet, nam resoluto jure dantis resolvitur jus et accipientis.

Si igitur plures sint fundi domini, unus eorum invitis aliis, servitutem fundo imponere nequit.

Acquiruntur quidem servitutes pactionibus, sive pactis traditionibus adjectis, sive legitimis. Pacta autem legitima sunt quæ ex quadam lege vim ac potestatem civilem excipiunt. Adjecta vero, sunt quæ bonæ fidei contractibus apponuntur. Sic si binarum ædium dominus dixisset, eas quas venderet, servas fore, vel ex vendito, vel per condictionem incerti agere posset, si in traditione venditorum, ædium nulla mentio servitutis facta fuisset (D. 8, 2, 35).

Testamento quoque recte constituitur servitus.

Potest enim quis in testamento hæredem suum damnare ne altius tollat ædes suas, ne luminibus ædium vicini officiat, vel ut patiatur eum tignum in parietem immittere, vel stillicidium habere, vel ut patiatur eum per fundum ire, agere, aquamve ex eo ducere (Inst. 2, 3, 4).

In hac hypothesi, legatario competit actio ex legato ut servitutem vendicet.

Adjudicatione servitus acquiritur.

Sic familiæ erciscundæ judex potest, quum fundos adjudicat, aliquam servitutem imponere, ut alium alii servum faciat ex iis quos adjudicat (D. 10, 2, 22, 3). Similiter in communi dividundo, arbiter, si regionibus fundum non vectigalem divisum duobus adjudicaverit, potest in duobus fundis quasi servitutem imponere (D. 10, 3, 7, 1).

Quin etiam emptio-venditio servitutes constituere potest.

Sic a te emere possum jus eundi per tuum fundum, et similiter alia jura (D. 8, 1, 20).

Denique longi temporis possessione servitus acquiritur.

Ista autem regula non cuicumque servitutum speciei applicatur. Continuæ, absque titulo, comparari possunt, dummodo ille qui eas possideat, nec vi, nec clam, nec precario utatur. Continua autem servitus illa est quæ perpetuam causam habet, sine continua opera hominis.

Præscriptio seu usucapio longi temporis, id est, spatium inter præsentes, decem, inter absentes, viginti annorum.

Inter præsentes et inter absentes, scilicet an duo domini, quorum unus præscribit, et alter præscriptione patitur, in eadem provincia, vel non, penates suas constituerint.

Discontinuæ, id est, servitutes quæ successivum hominis factum requirunt; usu non præscribuntur, nisi per temporis lapsum cujus non superstet memoria.

Hoc communiter notare decet, ut, Justinianeo jure, pacta traditionibus adjecta, testamentum, adjudicatio et usucapio, servitutes constituant tanquam jura realia, realem naturam illis imponant. Nullus igitur usus, nulla quasi-traditio necessaria est. Alia vero pacta et stipulationes hunc effectum tantum habent ut servitus debeatur sed non ut constituatur; igitur, sine quasi-traditione, servitus non imponetur.

PARS QUARTA.

Quemadmodum servitutes pereunt.

Multis modis servitutes amittuntur, scilicet :

1° Interitu prædii dominantis seu servientis.

Nam ut supra diximus, non intelligitur servitus nisi duo sint prædia.

Regula juris est, jura quæ semel pereunt, nullo subsequente facto reviviscere posse. Attamen prætor, ex æquo et bono, si in integrum statum fundus postea restituatur, servitutem renasci jubet.

2° Confusione.

Confusio autem fit, quando seu dominantis, seu servientis prædii dominus, seu quicumque civis, duo prædia solus acquisitione detinet; nam nemini res sua servit (D. 8, 6, 1). Nec reviviscit servitus semel confusione ablata, quum deinceps alteruter fundus eidem domino esse desierit, nisi rursus et verbis solennibus, servitus reconstituatur.

3° Remissione possessoris fundi dominantis.

Licet enim cuique juri in favorem suum introducto renuntiare. Quin nihil tam naturale est dissolvi contractus, eodem modo quo alligati fuerunt.

Remisisse habetur dominus, si dominum prædii servientis permittat, vel patiatur aliquid facere quo usus servitutis omnino tollatur. Si vero duas fundus debeat servitutes, amissa una, altera non disperditur. Nam semper odia sunt restrigenda.

4° Solutione juris constituentis.

Nam resoluto jure dantis, resolvitur jus et accipientis (D. 8, 6, 11).

5° Temporis lapsu seu conditione exsistente.

Quamvis jure civili non liceat servitutes ad tempus vel sub conditione, constitui, attamen prætor dominum malæ fidei repellit pacti vel doli mali exceptione.

6° Derelictione prædii servientis.

Quandoquidem prædium et non persona serviat, si fundi servientis fundus rem suam abjiciat et derelinquat, contra illum nulla permanet actio.

7° Non usu.

Non utendo etiam pereunt servitutes, per decem annos inter præsentes et viginti inter absentes. In antiquo jure civili, biennio jus amittebatur. Hic autem magnum discrimen inter rusticas et urbanas servitutes surgit.

Rusticæ non utendo, extinguuntur ipso jure (Code, 3, 34, 13). Urbanæ autem non pereunt, nisi, dum fundi dominantis possessor jure non utitur, fundi servientis dominus suarum simul ædium libertatem usucapiat. Veluti si ædes tuæ ædibus meis serviant ne altius tollantur, ne luminibus ædium mearum officiatur, et ego per statutum tempus fenestras meas præfixas habuero, vel statuero, ita demum amitto jus meum, si tu per hoc tempus, ædes tuas altius sublatas habueris ; alioquin si nihil feceris, retineo servitutem. Item si tigni immissi ædes tuæ servitutem debeant, et ego exemero tignum, ita demum amitto jus meum, si tu foramen unde exemptum est tignum, obturaveris, et per constitutum tempus ita habueris; alioquin si nihil feceris, integrum jus meum permanet (D. 8, 2, 6).

Si servituti causa discontinua inhæret, non utendo nunquam perit, nisi duplicato tempore constituto (D. 8, 6, 7).

QUINTA PARS.

Quibus actionibus fundorum libertas seu servitus vindicantur.

Duobus juris remediis servitutes utuntur specialiter, quæ sunt :
Actio confessoria, per quam aliquis fundo ipsius servitutem deberi affirmat.

Actio negatoria, qua fundi libertas a domino vindicatur.

Confessoria et negatoria reales sunt actiones : attamen non necesse est, ut contra aliquem contendantur, hunc ex jure civili dominium habere, dummodo possideat fundum.

Quin etiam protegitur servitutum quasi possessio interdictis quæ nomen habent, uti possidetis, utrubi et unde vi. Ista interdicta hic non sunt directa ; sed utiliter prætor ista concedit.

DROIT ADMINISTRATIF.

Procédure devant le conseil d'État et les conseils de préfecture.

INTRODUCTION.

En général, il est impossible de bien saisir le mécanisme d'une procédure, si l'on ne connaît préalablement la nature de la juridiction devant laquelle cette procédure est destinée à fonctionner. C'est là une nécessité indispensable surtout dans le sujet qui nous occupe.

La révolution de 1789 était arrivée à son plus haut degré d'effervescence.

L'Assemblée nationale, puis la Convention, par une mesure hardie, venaient de confisquer et de réunir au domaine de l'État, sous le nom de biens nationaux, les biens du clergé et des émigrés.

Le besoin pressant d'argent avait forcé à aliéner successivement la plupart de ces biens; des réclamations sans nombre ne pouvaient manquer de s'élever. On craignait qu'au milieu des complications politiques que la France allait de nouveau traverser, on craignait, dis-je, que la propriété privée fût ébranlée, que le sol tremblât.

Il fallait, à tout prix, empêcher un pareil désastre. Les tribunaux ordinaires suffiraient-ils pour remédier à la situation ? A tort ou à raison, on craignit que ces juridictions, à l'abri de leur inamovibilité, ne voulussent pas s'associer aux vues du gouvernement, que leur jurisprudence apportât un obstacle journalier à la marche de l'administration.

Quoiqu'il en soit, on créa des tribunaux spéciaux et de circonstance. Ce furent les tribunaux administratifs.

Toutefois les véritables tribunaux administratifs ne datent pas de cette époque ; car on ne peut donner ce nom à ces administrations collégiales, à ces directoires de département, institutions bâtardes dont le gouvernement consulaire fit une prompte justice. «Ces espèces de tribunaux étaient incompatibles avec l'administration, parce que le gouvernement et les lois elles-mêmes rencontraient la délibération là où ils ne doivent trouver qu'empressement à l'action et à l'obéissance.» (*Moniteur* du 19 pluviôse an VIII, page 554.)

La véritable juridiction administrative date : 1° de la Constitution du 22 frimaire an VIII, art. 52, et du règlement du 5 nivôse de la même année, qui réorganisèrent le conseil d'État sur des bases entièrement nouvelles, et l'établirent juge suprême du contentieux administratif ; 2° de la loi du 28 pluviôse an VIII, qui créa les conseils de préfecture et leur donna, entre autres attributions, la connaissance en premier ressort de ce même contentieux.

Malheureusement l'idée qui avait présidé à l'institution de ces tribunaux a toujours exercé une fâcheuse influence sur leur développement. L'opinion publique a de tout temps attaché une espèce de défaveur aux conseils de préfecture ; le conseil d'État lui-même, malgré le rang élevé qu'il occupe dans le mécanisme gouvernemental de la France, a vu la nature de ses attributions servir de sujet à une controverse très-vive qui n'a cessé que de nos jours.

Quelques mots sur ces deux allégations.

1° Conseils de préfecture.

La faveur dont jouit une juridiction est toujours en raison directe des garanties qu'elle présente. Ces garanties sont de deux sortes: *a)* de forme; *b)* de fond.

Les garanties de forme dépendent surtout de la simplicité des rouages judiciaires, de la facilité que l'on a de saisir un tribunal d'une contestation, de l'observation des délais rigoureusement prescrits par la loi, de la publicité des audiences, de l'oralité des débats, etc., en un mot de la procédure à suivre.

Les garanties de fond consistent principalement dans le caractère des juges, dans l'idée d'impartialité qu'on attache à la décision de magistrats amovibles ou inamovibles, etc., en un mot dans la moralité présumée d'un tribunal.

Or, si toutes ces conditions se réalisent et se rencontrent dans la juridiction ordinaire, l'opinion publique se refuse à les trouver dans la juridiction administrative.

L'impartialité, la noblesse de caractère des juges administratifs n'est pas suspectée. Loin de là; on ne se défie pas des hommes, mais de l'institution: on regarde les membres de ces tribunaux spéciaux comme bien meilleurs que le principe dont ils tiennent leur pouvoir. Le plaideur s'effraie d'être obligé de recourir à une justice dont la procédure lui est inconnue, qu'il ne sait pas bien comment saisir de son affaire, qui n'admet pas de publicité, de débats oraux, etc., dans laquelle, en résumé, il ne croit pas reconnaître les garanties de la justice ordinaire.

Il y a là en effet quelque chose de très-singulier que l'esprit ne s'explique pas bien. Comme l'a dit M. Cormenin: «En réglant l'instruction des affaires contentieuses devant le conseil d'État, on a ou-

blié d'organiser la procédure des tribunaux administratifs de première instance. C'était oublier les fondements de l'édifice[1].»

2° Conseil d'État.

L'attribution au conseil d'État de la décision du contentieux administratif a soulevé deux théories tout à fait opposées sur la nature
de cette attribution.

Un premier système soutient que dans les questions administratives,
il n'y a pas à vrai dire de contestation et que par conséquent les arrêts du conseil d'État constituent moins des décisions judiciaires que
des actes de haute administration. Ces arrêts statuent, il est vrai, sur
des intérêts privés, mais c'est dans le but unique de maintenir la
bonne gestion des intérêts généraux. Si d'ailleurs le conseil d'État fonc-
tionne comme les tribunaux ordinaires, ce n'est que pour simplifier
et régulariser les détails de la procédure.

Cette théorie a prévalu; elle n'est autre chose que celle de la justice retenue : aussi les recours contentieux étaient-ils portés au roi en
son conseil d'État; c'était le roi qui rendait la décision, le conseil
d'État entendu, et moyennant le contre-seing du ministre compétent.

Le deuxième système veut au contraire que l'arrêt du conseil d'État
soit un véritable acte judiciaire et non un acte de haute administration : dès lors, le conseil d'État n'est plus un corps consultatif, mais
un tribunal supérieur, dont la décision est exécutoire ipso jure, comme
tout jugement, sans qu'il soit besoin de l'intervention directe du pouvoir exécutif.

1. L'anomalie que critique avec raison M. de Cormenin ne paraît plus devoir
figurer longtemps dans notre législation. L'Assemblée nationale, en ce moment,
discute dans ses bureaux un projet de loi qui est destiné à réorganiser complètement les conseils de préfecture et à constituer leur procédure sur des bases nouvelles.

Le premier système, quoiqu'il soit un contre-sens dans un pays constitutionnel, a généralement triomphé; un instant il avait paru faiblir devant les ordonnances du 2 février et 12 mars 1831, qui avaient établi l'oralité, la publicité des débats, un ministère public; mais la fameuse loi du 18 juillet 1845 l'avait rétabli, jusqu'à ce qu'enfin la loi du 8 mars 1849 l'ait fait complétement disparaître.

«La loi nouvelle, a dit M. Vivien (rapport du 10 janvier 1849 à l'Assemblée nationale) remet au conseil d'État l'attribution importante du jugement du contentieux administratif ou plutôt elle le lui confère pour la première fois dans toute sa plénitude. La juridiction du conseil d'État en matière contentieuse n'était jusqu'à présent qu'une fiction; ses décisions avaient la forme extérieure des jugements, mais n'étaient en réalité que des avis qui devaient être soumis à l'approbation d'un ministre. Il n'en sera plus ainsi désormais: le conseil d'État aura une jurisprudence propre et indépendante, ses arrêts auront force par eux-mêmes comme ceux des autres tribunaux.»

CHAPITRE PREMIER.

Du contentieux administratif.

Il ne faut pas croire que parce qu'un acte émane de l'administration, les réclamations qui peuvent s'élever contre cet acte soient *ipso jure* contentieuses.

Le recours sera tantôt contentieux et tantôt administratif, selon la nature de la décision qui le provoque.

Lorsque l'administration exerce une autorité entièrement discrétionnaire et qu'elle prend une mesure qui *blesse un intérêt*, le recours est purement administratif. On s'adresse à l'agent qui a pris l'arrêté ou à son supérieur hiérarchique. Le citoyen *froissé* peut invoquer la faveur de l'administration, chercher à se concilier sa bonne volonté ; mais il n'est fondé à rien exiger, car il ne saurait invoquer ni le texte d'une loi, ni la lettre d'un contrat.

Une mesure administrative *lèse-t-elle un droit acquis?* Il y a lieu au recours contentieux, c'est-à-dire devant les juridictions administratives, car dans ce cas, l'administration ne jouissait pas d'une pleine autorité ; la loi ou l'engagement qu'elle avait pris la liaient elle-même.

Ainsi le contentieux administratif ne se réalise que sous trois conditions : Il faut 1° qu'il y ait un acte spécial ou un fait particulier de l'administration ; 2° que la réclamation contre cet acte se fonde sur un droit acquis, et, par droit acquis, on entend un droit certain et actuellement irrévocable, né d'une loi ou d'un contrat ; 3° que la réclamation se rapporte à un intérêt de l'ordre administratif (M. Laferrière, Revue de législation, vol. XXII, année 1845).

Il est de principe que la juridiction administrative ne peut régulièrement connaître que des affaires qui lui sont spécialement et formellement déférées par un monument législatif. D'un autre côté, d'après un ordre d'idées constamment suivies depuis 1789, on peut dire que toutes les affaires administratives sans exception ont été déférées par la loi aux tribunaux administratifs. De sorte que la justice civile ne doit jamais s'ingérer dans les affaires de l'administration , parce que la ligne de démarcation est parfaitement tranchée.

Le contentieux administratif se rapporte à deux grandes classes d'intérêts.

Première classe. Intérêts nés des circonstances politiques de 1789.

Il s'agit ici des biens nationaux publiquement vendus (loi du 18 pluviôse an VIII, art. 4, 7°).

Deuxième classe. Intérêts de nature administrative ou d'ordre purement administratif.

Ce sont les questions relatives au domaine public, aux contributions, aux travaux publics, à la grande voirie, aux élections, à la comptabilité, à l'interprétation des actes administratifs produits devant d'autres juridictions, etc. [1]

CHAPITRE II.

Procédure devant les conseils de préfecture.

Nous l'avons déjà dit, la procédure devant les conseils de préfecture n'a jamais été réglée d'une manière générale par aucune loi ou ordonnance. De là point d'ensemble, point d'unité ; chaque conseil agit à sa guise : c'est là un état de choses qui sollicite une prompte réforme.

Quoi qu'il en soit, à l'époque où nous sommes, la procédure en matière contentieuse est basée en partie sur les dispositions du Code de procédure civile, en partie sur la jurisprudence du conseil d'État, quelquefois sur des usages anciens et reconnus, et enfin, en quelques cas spéciaux, sur des lois particulières prescrivant des formes sacramentelles, lesquelles doivent être observées à peine de nullité (voyez : Arrêté du 24 fructidor an VIII, loi du 21 avril 1832, art. 28—30, loi du 15 juillet 1845, art. 13).

Comme toute procédure, la procédure contentieuse devant les conseils de préfecture a trois objets :

1° Le mode suivant lequel les particuliers doivent former, introduire, justifier et suivre leur réclamation.

2° La marche que doit suivre l'information, les incidents, etc.

---

1. Il y a trois circonstances dans lesquelles se produit l'acte ou le fait donnant matière à contentieux administratif : *a*) Naissance dans l'ordre administratif d'un acte ou d'un contrat qui impose à l'administration une obligation spéciale ; *b*) surveillance spéciale de l'administration sur les choses dont chacun a le droit d'user ; *c*) exercice sur la propriété privée du droit temporaire ou perpétuel de servitude d'utilité publique (M. Laferrière, passage déjà cité).

3° La forme de la décision, sa notification, ses effets, les recours ouverts contre elle, etc.

En quelques mots nous examinerons ces trois objets.

I. Mode d'introduction de la demande.

Il faut distinguer si l'affaire est poursuivie par une administration ou par un particulier.

Dans l'usage, le conseil de préfecture est valablement saisi à la requête d'une administration par l'envoi officiel de l'affaire avec les pièces y relatives.

Quant aux particuliers, on admet généralement qu'ils peuvent introduire l'instance devant le conseil au moyen d'une pétition en règle qu'ils adressent au préfet avec les pièces et mémoires justificatifs. Le préfet adresse officiellement le tout au conseil qui en accuse réception.

II. Information, incidents.

Une fois saisi, le conseil fait inscrire l'affaire au rôle, dans les cas assez rares toutefois où il en est tenu un, et confie le dossier à l'un de ses membres, lequel est chargé de faire un rapport.

Les conseils de préfecture n'appellent jamais les parties à comparaître devant eux en personne ni à venir plaider leur cause (avis du conseil d'État du 5 février 1826). Mais toutefois, quand il y a une partie adverse que le tribunal estime utile de mettre en cause, il lui fait donner avis de la demande dont il est saisi et l'invite à prendre communication des pièces et à présenter tous mémoires en défense qu'elle jugera convenables.

Mais il peut s'élever des incidents et le tribunal, pour les vider, peut prendre tout arrêté préparatoire, ordonner pour les besoins de la cause tout apport de pièces, des plans, des expertises, des vérifications d'actes et faits, etc.

Tous ces arrêtés préparatoires doivent être signifiés, surtout s'il y a une partie qui fait défaut, car c'est pour faire courir le délai de l'opposition.

Quand le conseil se déclare incompétent, il ne peut retenir une partie de l'affaire et renvoyer l'autre partie aux juges compétents.

Il peut arriver aussi que l'un ou plusieurs membres du tribunal se trouvent dans l'un des cas de récusation prévus par l'art. 378 du Code de procédure civile ; alors la partie intéressée peut les récuser (arrêt du conseil d'État du 27 avril 1838). Il n'y a pas de forme prescrite pour proposer la récusation. Dans la pratique, on remet les demandes au président du conseil qui fait statuer sur son admissibilité.

Il n'y a ni avocats, ni avoués, ni ministère public auprès du conseil de préfecture ; l'instruction est contradictoire, mais se fait toujours par écrit : les séances du tribunal sont secrètes : le public ni les parties en cause ne peuvent y être admises ; en un mot, l'instruction et la délibération ont lieu à huis-clos. (Arrêté du 19 fructidor an IX.)

III. *Forme de la décision, notification, recours.*

Tout jugement d'un conseil de préfecture est nul s'il n'est rendu et signé par un minimum de trois juges ; le préfet peut compléter ce nombre.

La décision se prend à la pluralité des voix. S'il y a partage ou insuffisance de juges, le tribunal peut s'adjoindre un ou plusieurs membres du conseil général (arrêté du 19 fructidor an IX, art. 2 et 3).

Le ministre de l'intérieur a même le droit de nommer des juges suppléants (décret du 16 juin 1808).

Le jugement est acquis dès qu'il est écrit et signé des juges : jusque-là, il peut être modifié.

Si ce sont deux particuliers qui sont en cause, celui qui succombe est condamné aux dépens (C. p., art. 130).

Si le débat a lieu entre l'administration et un particulier, chaque partie paie ses frais, sauf les frais communs qui sont payés par moitié (arrêt du conseil d'État du 20 novembre 1840).

Le conseil de préfecture doit motiver ses jugements (arrêt du 21 décembre 1837).

Quand il prononce une peine, il doit viser l'article de loi sur lequel il base son arrêt (arrêt du 21 avril 1830).

Au surplus, le jugement peut être rendu un jour férié (arrêt du 30 mai 1834).

Il est exécutoire par lui-même, sans qu'il soit besoin que le préfet y appose la formule exécutoire (loi du 20 floréal an X).

Les actes du conseil de préfecture sont authentiques au même titre que ceux des tribunaux ordinaires.

Tout arrêté doit être signifié par ministère d'huissier : cette notification seule peut faire courir les délais d'opposition et d'appel. L'envoi même officiel que le préfet ferait du jugement à une administration, ne serait pas valable (décret du 17 avril 1812).

Le conseil de préfecture a bien la juridiction et le premier degré du commandement, c'est-à-dire qu'il a le droit de juger et d'imprimer force exécutoire à ses arrêts ; mais il n'a pas le deuxième degré du commandement, car il ne peut jamais connaître des difficultés qui s'élèvent sur l'exécution de ses jugements : en un mot, il n'a pas le *plein commandement*.

Plusieurs voies de recours sont ouvertes contre ses décisions : les voies sont ordinaires ou extraordinaires.

A) *Voies ordinaires.*

Ce sont :

1° L'opposition.

Comme dans les affaires civiles, l'opposition est admise contre tous les jugements par défaut.

Un jugement est par défaut *a)* lorsqu'une des parties, bien que dûment appelée et mise en demeure de faire valoir ses moyens, ne l'a pas fait (arrêt du 16 juin 1831) ; *b)* lorsque le mémoire de l'une des parties n'a pas été signifié ni communiqué à la partie adverse ; *c)* lorsque le conseil de préfecture, rejetant un déclinatoire proposé par l'une des parties, a passé outre sans que cette partie ait pris ses conclusions au fond.

Le demandeur ne peut former opposition à l'arrêt rendu sur sa demande (arrêt du 27 avril 1841).

L'opposition peut être faite jusqu'au moment de l'exécution de la décision (ord. du 23 décembre 1815).

Elle est introduite par une pétition en règle adressée au préfet.

2° L'appel.

Comme le conseil de préfecture ne peut sous aucun prétexte revenir directement ou indirectement sur les arrêts qu'il prononce contradictoirement, dans ce cas, la partie perdante n'a plus le droit que d'appeler à la juridiction supérieure, c'est-à-dire au conseil d'État.

L'appel doit être fait dans les trois mois de la notification de l'arrêt par huissier.

Les arrêts interlocutoires sont aussi susceptibles d'appel.

B. *Voies extraordinaires.*

Quand le jugement n'est plus susceptible d'être attaqué par les voies ordinaires, on peut encore l'attaquer par tierce-opposition ou requête civile (arrêts des 4 nov. 1835 et 8 janv. 1836).

La tierce-opposition s'introduit par une pétition qu'adresse directement au préfet celui qui prétend avoir été lésé directement ou indirectement par un jugement dans lequel il ne figurait pas.

La requête civile a lieu dans les cas prévus par le droit commun.

CHAPITRE III.

Procédure devant le conseil d'État.

Le conseil d'État statue en dernier ressort sur le contentieux administratif (loi du 8 mars 1849, art. 6).

Aucun des inconvénients que nous avons signalés en parlant des conseils de préfecture ne se rencontre dans le conseil d'État.

En effet, comme le disait M. Vivien (rapport déjà cité) : «la combinaison nouvelle, par l'établissement de la juridiction, donne aux citoyens toutes les garanties d'un jugement réel, et, par l'introduction de cette juridiction dans le sein même du conseil d'État, donne à l'administration la certitude que les juges seront pénétrés de son esprit et familiers avec ses besoins.»

D'un autre côté, la procédure à suivre devant le conseil d'État, procédure savamment réglée par les lois spéciales, offre toutes les garanties nécessaires aux plaidants.

Ce n'est pas le conseil d'État tout entier qui a à statuer en dernier ressort sur le contentieux administratif. La mission en est déférée uniquement à la section du contentieux (loi du 8 mars 1849, art. 36). Cette section est permanente, se compose de neuf membres et voit établi auprès d'elle un maître des requêtes qui remplit les fonctions du ministère public avec deux autres maîtres des requêtes qui sont ses substituts.

La marche d'une affaire soumise en appel au conseil d'État, comprend, comme en première instance, trois périodes distinctes : Introduction du pourvoi, instruction, décision.

I. *Introduction du pourvoi.*

En général, le recours a lieu : 1° pour incompétence des premiers juges ; 2° pour mal-jugé au fond ; 3° pour vices d'instruction ; 4° pour violation des formes ou fausse application de la loi.

Or, pour introduire une affaire en appel, il faut à la fois des conditions de fond et des conditions de forme.

Quant au fonds, il faut : *a*) qu'il y ait litige ; *b*) que le litige se rapporte au simple contentieux administratif ; *c*) que l'autorité contre l'arrêté de laquelle on se pourvoit ressortisse au conseil d'État ; *d*) que le recours soit exercé par les personnes qui ont été parties devant les premiers juges ; *e*) que la décision attaquée soit contradictoire, définitive ou interlocutoire (arrêts des 19 juil. 1826, 28 janv. 1835, 11 janv. 1837, 11 août 1841), et qu'on n'y ait pas acquiescé expressément ou tacitement (arrêt du 4 nov. 1835); *f*) que le recours ne soit ni prématuré ni tardif.

L'étranger appelant peut être contraint à fournir la caution *judicatum solvi* (décret du 7 févr. 1809).

Quant à la forme, il faut : *a*) une requête en règle ; *b*) l'intervention d'un avocat au conseil.

Quelques mots sur les conditions de forme qui sont indiquées par le décret du 22 juillet 1806.

Le recours au conseil d'État en matière contentieuse n'est admissible qu'autant qu'il est formé dans les trois mois de la notification de la décision attaquée, et qu'il est introduit par une requête signée d'un avocat au conseil (art. 1er).

Cette requête contient l'exposé sommaire des faits et moyens, les conclusions, les noms et demeure des parties, l'énonciation des pièces dont on entend se servir et qui y sont jointes.

Le conseil d'État n'est valablement saisi que par l'enregistrement de la requête au secrétariat du conseil où elle est inscrite sur un registre tenu par ordre de date. C'est cet enregistrement qui doit être opéré dans trois mois de la notification de l'arrêt attaqué (art. 2. — Arrêt du 3 avril 1841). Toutefois, le jour de la signification et celui de l'échéance des trois mois ne comptent pas dans la supputation du délai (arrêté des 15 et 20 juillet 1832).

Si la requête ne contient pas de moyens ou conclusions, elle est rejetée (arrêt du 14 avril 1822).

La signature au bas de la requête, d'un avocat au conseil, vaut constitution et élection de domicile en son cabinet (art. 5).

Les avocats au conseil ont seuls le droit d'instrumenter devant la section du contentieux (décret du 11 juin 1806).

Quand le pourvoi est introduit à la requête de l'administration, il suffit d'une lettre officielle adressée par le ministre compétent au président de la section, qui en fait opérer l'enregistrement dans la forme ordinaire.

L'administration n'a pas besoin de constituer avocat; mais, quant au surplus, elle se comporte absolument comme les particuliers.

Quand une partie plaide contre le gouvernement, le dépôt qu'elle fait au secrétariat du conseil, de la requête et de toutes les autres productions ultérieures, vaut notification au gouvernement (art. 16 et 17).

Les significations d'avocat à avocat se font par le ministère d'huissiers attachés au conseil. Il en est de même des significations aux parties quand elles sont domiciliées à Paris.

Le recours au conseil d'État n'est nullement suspensif, sauf le cas prévu par l'ordonnance forestière du 1er août 1827. Cependant, s'il le juge convenable, le conseil accorde un sursis (art. 3).

Un conseiller ou maître des requêtes, chargé par le président de section, examine le dossier et fait son rapport en séance publique (loi du 8 mars 1849, art. 37).

II. *Instruction.*

L'instruction comprend deux sortes d'actes, ceux faits par la section du contentieux et ceux faits par les parties.

A) *Actes faits par la section du contentieux.*

Sur le rapport qui lui est fait, elle admet ou rejette la requête.

En cas d'admission, le président, s'il le juge convenable, ordonne la communication aux parties intéressées (décret du 11 juin 1806, art. 4; ord. du 18 sept. 1832, art. 2).

Cette ordonnance de *soit communiqué* doit être signifiée par huissier dans les trois mois (art. 12).

Les parties ainsi mises en cause par la communication de la requête doivent fournir leurs réponses et défenses dans les quinze jours, un mois ou deux mois, selon les distances, à partir du jour de la notification par huissier (art. 4). Après ce délai, il est passé outre, et le jugement prononcé par défaut n'est plus susceptible que d'opposition.

Si de plusieurs parties ayant même intérêt, l'une fait défaut et l'autre comparaît, la décision est contradictoire à l'égard de toutes (art. 7 et 31).

Dans la quinzaine de la production des défenses, le demandeur peut fournir une deuxième requête, et le défendeur y répondre dans la quinzaine suivante. Mais là s'arrêtent leurs droits (art. 6).

Les avocats peuvent prendre communication des pièces au secrétariat du conseil; ils ne peuvent les déplacer, sauf quand la partie adverse y consent ou quand il y a minute (art. 8 et 9). Ils ne peuvent, en tous cas, les garder plus de huit jours (art. 10).

S'il y a lieu à vérification d'écritures ou de faits, visite de lieux, etc., le président commet un maître des requêtes ou un autre fonctionnaire de la localité (art. 14).

Tous les actes d'instruction sont délibérés en chambre du conseil (règlement intérieur du conseil d'État du 26 mai 1849, art. 37). Le président de section les signe seul.

B) *Actes faits par les parties.*

Après que le rapport a été fait en séance publique par le conseiller ou le maître des requêtes désigné, les avocats présentent contradictoirement des observations orales et le ministère public donne ses conclusions (loi du 3 mars 1849, art. 37).

Le rôle des séances publiques est toujours préparé par le commissaire du gouvernement et arrêté par le président. Ce rôle imprimé et contenant sur chaque affaire une notice sommaire rédigée par le rapporteur est distribué quatre jours au moins avant la séance à tous les

D.   12

conseillers, maîtres des requêtes et auditeurs. Les rapports sont toujours faits par écrit (règlement du 26 mai 1849, art. 38).

Telle est la marche régulière de l'affaire, mais elle peut être entravée par des incidents :

1° Demandes incidentes.

Elles se forment par requête sommaire déposée au secrétariat. On les joint au principal pour être statué par un même jugement, sauf en cas d'urgence (art. 18 et 19).

2° Inscription de faux.

Si, dans le délai fixé par le président, la partie déclare vouloir faire usage de la pièce arguée de faux, le conseil renvoie l'affaire au tribunal compétent (art. 20).

3° Intervention.

Elle s'introduit par requête communiquée aux parties, mais n'interrompt pas la décision de l'affaire principale (art. 21).

4° Reprise d'instance et constitution de nouvel avocat.

Dans les affaires non en état, la notification du décès d'une des parties ou la révocation de l'avocat suspend la procédure. La reprise d'instance se fait alors par signification (art. 22-24).

5° Désaveu.

Si l'acte désavoué a été fait ailleurs qu'au conseil d'État, le désaveu est renvoyé devant les juges compétents. Si le désaveu est relatif à des actes faits au conseil d'État, il est procédé sommairement contre l'avocat (art. 25).

Les conseillers d'État peuvent être récusés dans les cas prévus par l'art. 378 du Code de procédure civile.

III. *Décision.*

Dès que l'instruction et les débats oraux et publics sont terminés, l'affaire est mise en délibéré. Le jugement est rendu à la pluralité des voix.

La section des contentieux ne peut délibérer à moins de sept membres (loi du 8 mars 1849, art. 38).

La décision est lue en séance publique; elle indique les noms et demeures des parties, leurs conclusions, le vu des pièces principales et vise la loi appliquée. Elle est transcrite sur le procès-verbal des délibérations, et signée par le président, le rapporteur et le secrétaire du contentieux. Il y est fait mention des membres présents et ayant délibéré (loi du 8 mars 1849, art. 38; règlement du 26 mai 1849, art. 39). Elle porte en tête : «Au nom du peuple français, le conseil d'État, section du contentieux.»

L'expédition des décisions est délivrée par le secrétaire. général, avec la formule exécutoire suivante : «La République mande et ordonne aux ministres de (ajouter le nom du département ministériel désigné par la décision), en ce qui les concerne, et aux huissiers, en ce qui concerne les voies de droit commun contre les parties privées, de pourvoir à l'exécution de la présente décision.»

Les décisions ne peuvent être mises à exécution qu'après avoir été signifiées à l'avocat du perdant (art. 28).

La partie qui succombe est condamnée aux dépens (loi du 8 mars 1849, art. 42; C. de pr. civ, art. 130). Ils sont liquidés par le président conformément au tarif du 18 janvier 1826.

L'administration ne peut ni obtenir de dépens, ni être condamnée à en payer (arrêt du 28 juin 1841), sauf quand elle constitue avocat (arrêt du 12 déc. 1818).

Quoique rendues en dernier ressort, les décisions du conseil d'État sont susceptibles de voies de recours.

1° Opposition (art. 29-31).

Elle est dirigée contre les arrêts par défaut. Il y a défaut, quand une partie mise en cause n'a pas constitué avocat, ou quand l'avocat n'a pas produit de défense.

L'opposition doit être signifiée dans les trois mois de la notification de l'arrêt : elle n'est pas suspensive à moins que le conseil le décide.

Si l'opposition est admise, l'admission doit être dénoncée, dans la huitaine de la décision, à l'avocat adverse.

2° Tierce-opposition (art. 37 - 40).

Elle s'introduit par une requête déposée au secrétariat du conseil. Elle doit être faite dans les trois mois de la notification ou de l'exécution notoire (arrêt du 31 janvier 1807).

3° Requête civile (art. 32 - 36).

Elle a lieu contre les décisions contradictoires : 1° rendues sur pièces fausses : 2° quand la partie a été condamnée faute de produire une pièce décisive qui était retenue par son adversaire.

Elle doit être intentée dans les trois mois du jour de la reconnaissance du faux, ou de la découverte de la pièce.

4° Violation des formes prescrites.

Ce pourvoi est introduit dans les mêmes délai et forme que l'opposition à un jugement par défaut (loi du 8 mars 1849, art. 40 ; ord. du 18 sept. 1839, art. 27, 29, 30, 31 et 34).

5° Excès de pouvoir ou violation de la loi.

Le ministre de la justice peut dénoncer et déférer à l'assemblée générale du conseil d'État toutes décisions de la section du contentieux contenant excès de pouvoir ou violation de la loi (loi du 8 mars 1849, art. 46). Dans ce cas, le pourvoi est déposé au secrétariat général. Dans les cinq jours, le président nomme une commission de cinq conseillers pour l'examen de l'affaire. Dans les dix jours, un membre de la commission fait le rapport à l'assemblée générale. La décision qui intervient est transmise au ministre de la justice, et transcrite, en cas d'annulation, en marge de celle annulée (règlement du 26 mai 1849, art. 41 - 44).

La section du contentieux, connaît aussi, dans l'intérêt de la loi, des appels introduits par la dénonciation du ministre de la justice, de jugements administratifs contraires aux lois ; mais l'annulation ne profite pas aux parties, si elles n'ont pas réclamé dans le délai déterminé (loi du 8 mars 1849, art. 43 - 44).

Lorsque le ministre de la justice revendique des affaires non-contentieuses, selon lui, dont le conseil d'État est mal à propos saisi, la décision de la question est remise à un tribunal spécial, nommé tribunal des conflits.

Ce tribunal a été créé par la Constitution du 4 novembre 1848 (art. 89 et 90) et organisé par la loi du 28 octobre 1849.

Vu par nous, président de la thèse, ESCHBACH.

FIN.

www.ingramcontent.com/pod-product-compliance
Lightning Source LLC
Chambersburg PA
CBHW071107210326
41519CB00020B/6199